採点者の心をつかむ 合格する総合型選抜・学校推薦型選抜

総合型選抜
専門塾による
驚異の
合格メソッド!

日本初の総合型選抜（AO入試・推薦入試）専門塾 洋々

かんき出版

はじめに

「学力以外で受験生をもっと評価しよう」

今、大学受験が大きく変わろうとしています。

その日一発勝負の学力試験の点数ではなく、これまでがんばってきたこと、高校の成績、志望理由、英語の資格などを組み合わせて評価される入試が増えているのです。

実は、大学に一般選抜、つまり学力試験で入学する人の割合は、2021年度に5割を切りました。**一般選抜以外の方法で入学する大学生の割合が過半数**になったということです。とても大きな変化です。

お話を始める前に、念のため確認します。大学受験は大きく以下の3種類に区分されます。

①一般選抜
②学校推薦型選抜
③総合型選抜

学力試験は**①一般選抜**です。冒頭でお伝えした学力試験以外の選抜方法が**②学校推薦型選抜**と**③総合型選抜**です。

「AO入試」、「自己推薦入試」といった名称の入試もありますが、これらは「総合型選抜」に分類されます。本書を手に取ったみなさんは、**②学校推薦型選抜**と**③総合型選抜**で大学受験を考えているかと思います。この本ではこれらの入試について、どのような入試制度で、どのような準備をすればよいのかを解説します。

学校推薦型選抜は、学校長の推薦が必要な入試です。高校での成績が重視される傾向にあります。いわゆる指定校推薦も含まれます。それ以外に公募制の学校推薦型選抜もあり、通っている高校にかかわらず、受験できる入試が数多くあります。出願の時期は11月以降です。

それより早いタイミング（9月以降）で出願可能な入試が総合型選抜です。通常、学校長の推薦は必要なく、高校の成績もそこまで重視されません。

このように、学校推薦型選抜と総合型選抜にはいくつかの違いはあるのですが、**入試の内容自体はほぼ同じ**です。志望理由書をはじめとする出願書類を提出し、面接や小論文の試験を受けるというのが最もよくあるパターンです。その他に、プレゼンテーションやグループディスカッション、英語の試験を課されたりすることがありますが、大きな流れは変わりません。

本書では、学校推薦型選抜と総合型選抜の志望理由書作成、面接および小論文の準備の方法について、順番に具体的に示します。その際に、いちいち「学校推薦型選抜と総合型選抜」と書くと読みにくくなってしまいます。そこで、シンプルに「総合型選抜」と書くことにしました。

本文中で「総合型選抜」と書いてあるところは、「学校推薦型選抜と総合型選抜」を意味していると思ってください。

本書を書いたのは、「洋々」のメンバーです。

洋々は（おそらく）日本で初めての総合型選抜専門塾（当時はＡＯ推薦専門塾）です。当時は、ＡＯ推薦の受験生を専門にサポートする塾はありませんでした。そのため、私たちは受講生のサポート方法を、ゼロベースで考えました。合格者の志望理由書を大量に買い取るなど、１年程リサーチした上で受講生の募集を開始しました。

初年度の受講生は10名程度でしたが、早稲田大学、慶應義塾大学への合格者が出たこともあり、２年目以降、順調に受講生の数が増えていきました。その後も知見と実績を積み重ねました。私たち洋々は、**学校推薦型選抜や総合型選抜における知見においては日本で１番**だと自負しています。

この本では、洋々がこれまで蓄積した知見を最大限に活用しつつ、実際の受験に応用しやすいよう、わかりやすさを心がけて書きました。通しで読むのもよし、必要なところだけ読むのもよし、存分に活用してください。

学校推薦型選抜と総合型選抜では、**自分自身のこれまでのことを振り返り、これから大学でどのような学びをしていくのかを深く考える**ことが求められます。大変なこともありますが、大学入学後にモチベーションを持って、勉学やその他の活動をしていく上で、大いに役立ちます。

せっかくですので、この本を参考にしながら、ぜひ準備のプロセスを楽しんでもらえればと思います。

２０２３年４月

洋々リーダーシップメンバー　浅賀俊亮
江口輝亨
小浜龍太郎
清水信朗

採点者の心をつかむ　合格する総合型選抜・学校推薦型選抜　もくじ

はじめに……2
本書の特長と使い方……12

第1章 総合型選抜とは

1 総合型選抜＝マッチング……14
大学との「相性」がすべて……15
学校ごとに違う評価のポイント……16

2 さよなら「偏差値カースト」……18
テストによって決まる序列……19
学力以外は評価されないってどうなの？……19
学校によって評価の対象が違う……20
Aさん、Bさん、どちらが「上」？……21

3 「モテない人」にもチャンスあり……24
熱意を伝える入試……25
アピールするものがない人はどうすればいい？……27
思い出せない場合は？……28

4 多種多様な選抜方式……30
出願書類……30
面接……31
小論文……32
特殊な総合型選抜……33

5 輝く実績がなくても問題なし……36
誇れる実績を持っていないのが普通……36
自分だけのストーリーを作ろう……38
食べる人のことを考えながら料理する……39

6 究極の問い……42
過去・現在・未来……43
他の大学でもいいのでは？……46

7 ここじゃなきゃいけない理由は不要？……48
まずは、過去・現在・未来について整理する……48
「絶対にK大学！」は逆に不自然……50

8 募集要項が唯一のルールブック……52
その大学が求めているのはどんな学生？……53
受ける資格があるか？……53
発行までに時間がかかる書類もある……54
何の科目を準備すればいい？……55
書いていなければ気にしなくてOK……55

9 総合型選抜は併願できる？……56
専願の「縛り」は3パターン……56
受験パターンを考える……58
出願は準備可能な範囲で……59

10 合格までのプロセス……60
まずは大学・学部選び……60
その大学を受ける必然性を考える……61
志望理由書・面接・小論文……62

第2章 一味違う志望理由書

11 限られた字数で会ってみたいと思わせる……66
読む人の心を動かそう……66
「会ってみたくなる」志望理由書……68

12 他の人の志望理由書は見ちゃダメ……72
マネしてもうまくいかない……73
一度見た内容は忘れられない……74
あなただけの志望理由書を書こう……75

13 「型」はあるけど……77
なぜ型通りはダメなのか？……77
読み手の気持ちを考えよう……79
志望理由書は同じ内容になりやすい……79
Column・答えを選ぶのは自分……82

14 まずは材料を並べてみる……83
あなたの「売り」は何ですか？……85
あなたの経験すべてが「素材」……86

15 自分を知り、相手を知る……88
お・も・て・な・し……88
感覚や直感が大切……90
「わからない……」と思っても流してはいけない……91

大学の先生の専門分野と重ねてみる……92

16 自分ならではのテーマ……95

どんなことでもテーマになり得る……95
何を気にして生きているか？……97
過ぎたるはなお及ばざるがごとし……99

17 実現したい世界……100

「5W1H」を変えながら考える……100
言うは易く行うは難し……102
Column ● 小さな一歩でも世界を変えることにつながる……104

18 ストーリーを組み立てる……105

二つの視点で考える……106
もっと住みやすい世の中にするために……107
日常からヒントを得る……108

19 推敲……111

カタカナ用語はできるだけ避けよう……112
同じ意味の言葉は、同じ言葉で書く……114
魂は細部に宿る……115
「親切設計」を心がける……116

第3章 面接に備える

20 面接は「お互いがわかり合う時間」……120

面接は想定通りに進まない……120
「言葉」はあくまで手段の一部……122
五感で感じ、全身で伝える……123

21 「操れる言葉」で語れ……125

知っていることは説明できる……125
「書き言葉」で話しても伝わらない……126

22 想定問答集不要論……128

面接はフリースタイル……128
覚えたこと以外話せなくなる……130
大学の先生は受験生の考えていることが知りたい……131
面接に正解はない……132

23 面接官が知りたいのは「まだ見えていないピース」……134

書類に書けるのはほんの一部分……135

自分で自分にツッコミを入れる……136
面接は補足説明の時間……138

24
「限られた時間」を濃い時間にするために……140
面接官の質問時間を奪ってはいけない……140
言い切る勇気を持つ……142

第4章 負けない小論文

25
「今」からでも間に合いますか？……146
小論文はラクな科目？……147
合格者は、いたって「普通」のレベル……143

26
小論文はこれだけで書ける！作文よりもやさしい理由……150
導入は端的にわかりやすく……150
根拠を示せば小論文になる……152
根拠の示し方はいたって単純……153

27
模範解答は役に立たない……156
模範解答の作られ方……157
答案レベルを安定させよう……158

28
落ちたくなければこれだけ守ろう……160
ムダな失点をしないための四つのポイント……161

29
効率よく得点を稼ぐ……165
加点の評価対象は三つ……166

30
同じ手順で考え、同じ形で書く① 意見提示の型……177
「意見提示の型」を使って書いてみた……186

31
同じ手順で考え、同じ形で書く② 問題解決の型……192
「問題解決の型」を使って書いてみた……198
パートごとにしっかり分けよう……200

32
出題パターン別攻略法……202
①課題型小論文……202

②文章読解型小論文……203
③表・データ分析型小論文……205
④絵画・写真鑑賞型小論文……208
志望校に合わせた対策を……208

33
過去問とのつき合い方
直近3年分を味わい尽くす……210
「知らないと書けない」問題の解決法……211
書いた小論文の評価法……212
リライトした答案は模範解答……217
再現性のあるスキルを身につけよう……218

34
【保存版】原稿用紙の使い方……220
原稿用紙にまつわる素朴な質問集……221
Q1 タイトルはつける？……221
Q2 書き出しの字下げは必要？……222
Q3 段落分けは必要？……222
Q4 段落分けに字下げは必要？……224
Q5 句読点の打ち方は？……225
Q6 カギカッコの使い方は？……225
Q7 数字の使い方は？……226
Q8 アルファベットの使い方は？……226
Q9 ？や！の使い方は？……227
Q10 書き損じの直し方は？……227

35
負けない小論文
なるべくがんばらずに合格する……230
小論文でがんばらなくてもいい戦略……230
周りを一切気にしてはいけない……232
Column ● 自分に合った「型」を選ぼう！……234

おわりに……235

カバーデザイン：高橋明香（おかっぱ製作所）
カバーイラスト：平松慶
本文デザイン・DTP：ホリウチミホ（ニクスインク）
本文イラスト：坂木浩子（ぽるか）

本書の特長と使い方

本書は、総合型選抜および学校推薦型選抜で合格するために必要な知識、考え方、そして、大学に提出する書類の書き方、面接試験での話し方、小論文の書き方を具体的に解説しています。

本書の目的は、この本を読んだ読者のみなさんが、総合型選抜、学校推薦型選抜で合格することです。洋々のスタッフは、「この道」のプロフェッショナルです。この本の執筆にかかわったスタッフ全員が、合格するためのエッセンスを惜しみなく披露しました。この点が、本書の最大の特長です。

「はじめに」にもある通り、本書では総合型選抜と学校推薦型選抜を合わせて、「総合型選抜」と表記をしています。書かれている解説は、すべて、総合型選抜と学校推薦型選抜どちらにも有効です。安心してお読みください。

本書は、総合型選抜に必要な「志望理由書（第２章）」「面接（第３章）」「小論文（第４章）」について、それぞれ章ごとに解説しています。

最初から順番に読んでいくのがベターですが、本番まで時間がない、必要なことだけ知りたいという受験生のみなさんは、まずは該当の章から読んでください。その後、時間に余裕があれば、他の章もじっくり読んでください。

この一冊を読んで、その通りに考え、話し、書くことができれば、合格に限りなく近づくことができるでしょう。なぜそう言えるのか？　それは、これまでの洋々の受講生が証明してくれたからです。

ぜひ、本書を最大限活用し、合格を勝ち取ってください！

第 1 章

総合型選抜とは

総合型選抜は特別な実績や資格を持っている人だけが受けられる入試ではありません。だれにでも合格できるチャンスがあります。ただ、総合型選抜と一言でいってもその内容は大学・学部によってさまざまです。自分に合った大学・学部を選び、志望理由書と面接を通して自分自身のことをアピールしていく必要があります。どのような入試なのか、まずはその全体像を理解しましょう。

1 総合型選抜＝マッチング

大学受験というと、試験科目の勉強をひたすらガリガリやる……そんなイメージがあるでしょう。当日の試験で覚えていることが出る、時間内に解答できる、といった、1点でも多く点数を取ることで合否が決まる、一般選抜のイメージですね。

しかし、最近、一般選抜と同じぐらい、学校によっては一般選抜よりも入学者数が多い選抜方法として増えているのは、**総合型選抜**という入試です。

総合型選抜では一切筆記試験のない大学もめずらしくありません。たとえば慶應義塾大学ＳＦＣの総合政策学部・環境情報学部は、**書類と面接だけで決まる**、とてもシンプルな試験を実施しています。

また、**当日の筆記試験は小論文だけ**、という学校も多くなっています。

受験生のみなさんにとって一番気になるのは、「どうすれば合格できるか？」ですよね。英語や数学の試験のように正解があるわけではない中で、何が合否の決め手になるのでしょうか。

大学との「相性」がすべて

一言で言えばマッチングです。あなたとその大学・学部が合っているかどうかということです。

総合型選抜では次のような項目も評価されます。

- 高校の成績（評定平均）
- 英語の資格（英検やＴＯＥＦＬなど）
- 大会やコンクールでの実績

成績がよかったり、英語の資格を持っていたり、大会などでの活躍は大いにアピール材料になります。ただ、それだけで合否が決まるわけではありません。これらは評価の一部です。**総合型選抜は文字通りあなたを総合的に評価する入試**です。あなたという一人の人間を総合的に見て、その大学・学部に合っているかどうかが判断されます。

「実績」とまでは言えないかもしれないけれど、これまで一生懸命やってきたことや考えてきたことがあるでしょう。将来に対する自分なりの思いもあるでしょう。これらを含めて、**総合的に伝えて、総合的に評価してもらうのが総合型選抜**なのです。

◎学校ごとに違う評価のポイント

ではどうすれば志望校に「マッチ」していると思ってもらえるのでしょうか？

実は、大学・学部ごとに評価のポイントは異なります。

高校の成績を重視する学校もあれば、評定平均が低くても合格を出す学校もあります。

英語の資格を高く評価する学校もあれば、英語力はまったく関係ない学校もあります。

全国レベルの大会に出場していることを要件とする入試もあれば、そういった実績がほとんど響かない入試もあります。

そう、総合型選抜では同じ人が受験しても、**大学・学部によって評価のされ方がまったく異なる**のです。

なぜ、大学・学部によってそこまで評価の観点が異なるのでしょうか？　それは**大学・学部によって入学してほしい学生が異なるから**です。国際系の学部ではある程度英語ができる人に来てもらいたいと思うでしょうし、建築学科では美的センスを持った人を歓迎するはずです。

もちろん高校の成績はいいに越したことはありません。英語力も同じです。しかし、それ以上に自分に合った大学・学部、そして、入試の種類を選ぶことがとても大切です。

その大学・学部のことを知り、いかに自分がその大学・学部に合っているかということをアピールしていくのが総合型選抜なのです。

2 さよなら「偏差値カースト」

たとえば首都圏では、東京大学を頂点に、一橋大学、東京工業大学、早稲田大学、慶應義塾大学、上智大学と続き、さらにＧＭＡＲＣＨ、成成明学獨國武、日東駒専、という感じで、「序列」が明確です。日本の大学の特徴とも言えます。

当然ながら、頂点に近いほど合格が難しくなります。

「ＧＭＡＲＣＨより『上』の学校に行きたい」

「日東駒専より『下』は避けたい」

こんな相談をよく受けます。上下関係があるかのようです。まさに「偏差値カースト」ですね。

テストによって決まる序列

どうして「カースト」が生まれるのでしょうか？　それは、どこの大学も**同じようなテストで受験生の優劣を決めるから**です。

もちろん国立大学だと5教科必要で、私立大学だと3教科でＯＫ、のような違いはありますし、形式は記述式だったりマークシートだったりで、問題の難しさも大学によって異なります。

でも、基本的には偏差値が「上」の方の学校に合格できる人は、それより「下」の学校も受かります。たとえば、東大に合格する力があれば、他の大学にも合格できるのです。逆に偏差値的に「下」の方の大学に合格する力がなければ、「上」の大学に合格するような番狂わせは起きません（もちろん、１００％起きないわけではありません）。

このように序列がハッキリ決まることで、「カースト」が生まれるのです。

学力以外は評価されないってどうなの？

でも5教科のペーパーテストだけで「カースト」が決まるのはおかしいと思いませんか？

勉強が得意でなくても、リーダーシップがある人やコミュニケーション能力が高い人もいます。人を笑わせる力を持っている人もいれば、人を和ませる力を持っている人もいます。勉強以外にも、スポーツをがんばってきた、音楽をがんばってきた、文化祭や体育祭に力を入れてきた、生徒会をやっていた、ボランティアに参加した、国際交流をしてきた、という人もいるでしょう。

それなのに、一般選抜だと勉強だけで評価されて序列が決まってしまいます。リーダーシップがあることやコミュニケーション能力が高くても一切評価されず、5教科のテストだけで順番が決まってしまいます。おかしくないですか？

学校によって評価の対象が違う

その疑問に応える形で、この「カースト」を根底から覆すのが総合型選抜です。

総合型選抜は一人ひとりの受験生を総合的に評価します。もちろん、学校の勉強をがんばってきたことも評価の対象にはなります。しかし、それはその人のほんの一部分として捉《とら》えられます。他にもがんばってきたことがあれば、**どんなことでも評価の対象**になります。

部活、生徒会、ボランティアといった活動はもちろん、ゲームや音楽といった、趣味でやってきたことが評価されることもあります。病気やケガで苦しんだ経験が自分のアピールになることさえあります。

リーダーシップ、コミュニケーション能力、他の人と協同する力、といった学力以外の能力も評価の対象です。

Aさん、Bさん、どちらが「上」？

総合型選抜における「カースト」の崩れ方を具体的に見てみましょう。たとえば、以下の二人の受験生がいたとします。

Aさん：生徒会副会長、高校の成績まずまず、友人多い、英検2級
Bさん：ゲーム好き、アプリ開発経験あり、数学得意、軽音部所属

どちらの受験生の評価が高くなると思いますか？　答えは、「**大学による**」です。先ほどお伝えした通り、大学によって何をどのように評価するかが大きく異なります。総合型選抜においては、Ａさんが「上」、またはＢさんが「上」、とは簡単に言えないのです。

加えて、総合型選抜では自己アピールの自由度が高く、それまでの実績や現在の能力だけで評価されるわけではありません。評定平均、これまでの活動、取得した資格、といったものは自分を構成する要素に過ぎず、それらを**つなぎ合わせて語るストーリーが自分をアピールする上で重要**になります。そうするとますます点数化が難しくなるため、大学によって評価が変わるのです。

大学によって評価の観点が異なる上に、アピールの仕方の自由度が高いため、Ａさん、Ｂさんのどちらが「上」か、が簡単に言えなくなります。結果、カーストは崩れ去るのです。

バイバイ、「偏差値カースト」。

図1　総合型選抜の話のまとめ

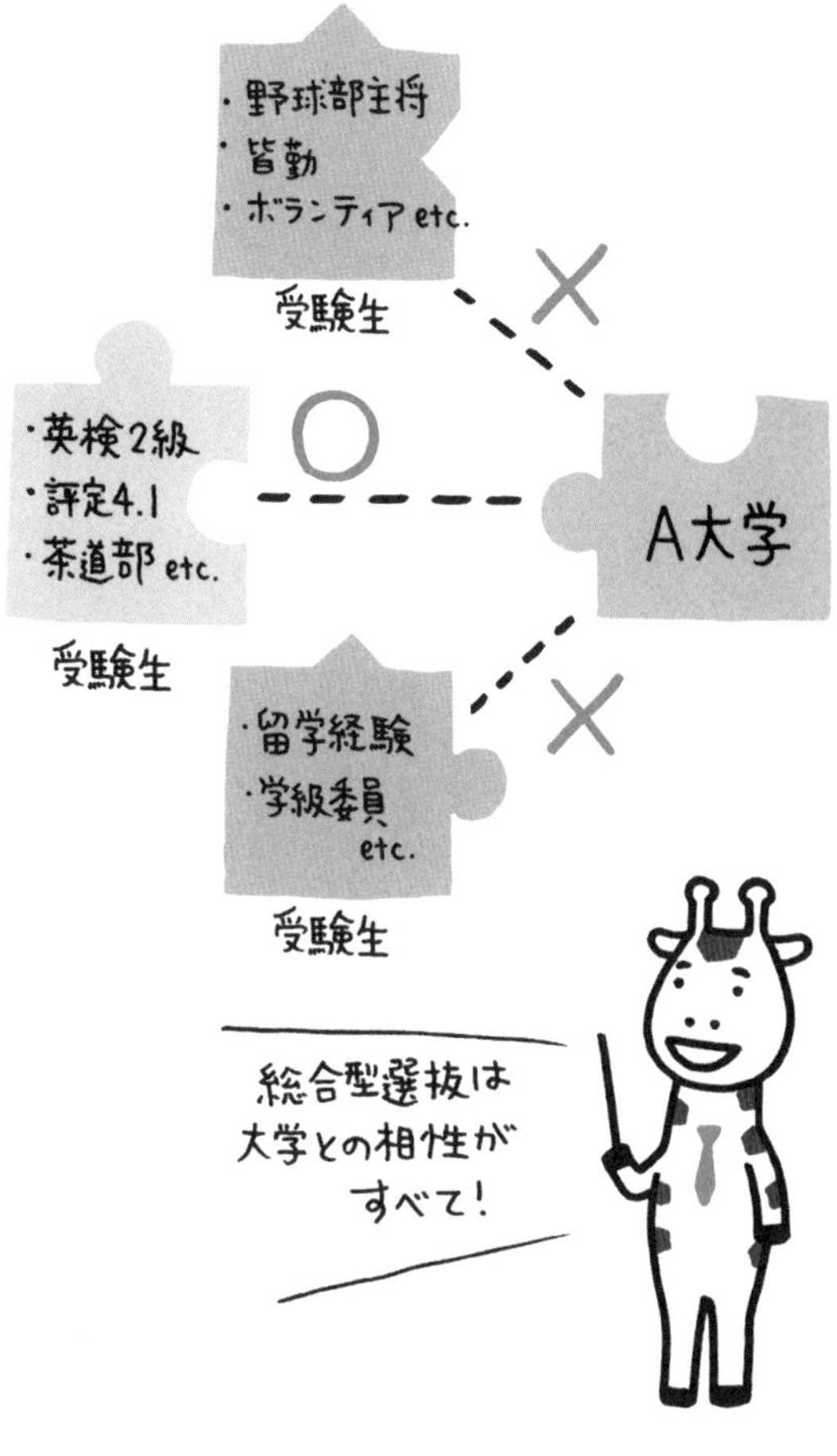

3 「モテない人」にもチャンスあり

質問します。

「モテる」人ってどんな人でしょうか？

１９８０年代の終わりごろ、いわゆるバブル景気の時代に、「三高」という言葉がありました。高収入、高学歴、高身長、の三つの「高」にあてはまる男性が「モテる」と言われていました（本当にそうだったのか、定かではありませんが……）。

今では、男女にかかわらず、優しくて、頭がよく、容姿に優れ、面白い人、といった感じでしょうか（人によって基準が違う前提でのお話です）？

では、質問を変えます。

大学に「モテる」人ってどんな人でしょうか？

一般選抜で言えば簡単です。英語、国語、数学、理科、社会の５教科の勉強ができる人です。テストでいい点数が取れさえすればモテモテです。どの大学からも入学してほしいと思われること間違いなしです。文系だと英語、国語、社会の3教科ができる人もモテます。もちろん、ここで言う「モテる」は、大学側が、どんな学生に入学してほしいと思っているか？　という意味です。

逆にテストで点数が取れない人は、一般選抜においてはまったくモテません。受験生に「モテる」ような人気のある大学、つまり、いわゆる難関大学は高嶺《たかね》の花で、テストで点数が取れない人が相思相愛になる可能性はゼロに近いのです。

熱意を伝える入試

さらに質問を変えます。

総合型選抜で「モテる」人ってどんな人でしょうか？

総合型選抜で合格を得やすい人という意味です。

ざっくり言うと、**高校の成績がよくて、活動実績も豊富で、海外経験もあり、英語の資格も高いレベルのものを取得している人**。さらに、**謙虚な態度で感じのよいコミュニケーション**が取れる人、こんな人は総合型選抜で「モテる」人です。

ただ、「モテる」のは間違いなくても、意中の大学の合格を得られるかどうかはまた別の問題です。

人と人との関係で、「モテる」人がすべての人から人気があるわけではないのと同様、能力や経験値が高いからといって、どの大学でも合格できるとは限りません。これも人と同様ですが、大学も能力や経験値だけで人を選ぶわけではありません。

大切なのは、

- なぜその大学・学部がよいと思うのか？
- 入学したらその大学でどのようなことをしようと思っているのか？
- 卒業後、その大学での学びをどのように活かすつもりか？

以上のことを、**熱意を持って伝えられるかどうか**です。

大学側は、その受験生がどんな理由で選んでくれたかを見ます。つまり、その本気度や熱量が問われるのです。

アピールするものがない人はどうすればいい？

最後の質問です。これが一番簡単な質問かもしれません。

総合型選抜で「モテない」人って、どのような人でしょうか？

「モテる」人の逆ですね。高校の成績が悪かったり、活動実績がなかったり、英語の資格も持っていないと「モテない」かもしれません。

しかし、ここで大切なのは、「モテない」からといって、あきらめる必要はありません。むしろ、総合型選抜は、そういう人のための選抜方法でもあるのです。実は、本書の目的は、**「『モテない人』が合格するためにはどうすればいいのか？」について、その対策法をお伝えすること**、と言っても過言ではありません。

先ほどもお話ししたように、総合型選抜は、能力や経験だけで入学者を選ぶわけではありません。つまり、「モテない」人にもチャンスがあるのが特徴なのです。

では、「モテない」人が意中の大学、つまり志望校に合格するにはどうすればいいでしょうか？

まずは**自分の「売り」を探しましょう。**「売り」とは自分のアピールポイント、という意味です。

ほとんどの大学には評価されない能力や経験でも、志望している大学には評価される、ということはよくあります。

過ごしてきた環境、読んできた本、観てきた映画、その他の趣味など、自分のこれまでのことを振り返って、やってきたことすべてを洗い出します。

必ず、**何か他の人とは違う自分の特徴が見つかるはず**です。どんな人でも、何もしないでここまで生きてきたわけではないのですから。

また、これもよくあるのですが、自分では「売り」と思っていなかったことが、**実は他人から見たら、すごく強い「売り」になる**こともあります。ですので、本当に、一度、思い出せることをすべて洗い出しましょう。

思い出せない場合は?

これまでのことで売りが見つからない場合はどうすればいいでしょうか?　最後

は、その**大学・学部への熱意を伝える**ことです。

少し抽象的なお話なのですが、やっぱり、最後は熱意です。

どうすれば熱意が伝わるのでしょうか？　まずその大学・学部のことを熟知しましょう。相手のことをよく知ることが、熱意を伝えるための第一歩です。大学のホームページやパンフレットで調べるだけでなく、**オープンキャンパスに参加**して理解を深めましょう。たんなる知識だけで話す人と、実際に大学に足を運んだ上で話す人。この両者の間には天地ほどの差があります。実際に見てきた人が話す内容には、説得力があるからです。

大学・学部のことをよく理解したら、その**大学でどのようなことをしようと思っているのか**を伝えましょう。そこでの学びをどのように活用しようと思っているのか？なぜその大学・学部でなければいけないのか？　**自分にとってその大学・学部の必要性が高ければ高いほど、受け入れてもらえる可能性は高まる**でしょう。

「モテない」人でも、その大学・学部のことを熟知し、他ではなく、どうしてもその環境が必要であることが伝えられれば、その思いが通じる可能性は高いのです。

4 多種多様な選抜方式

総合型選抜の多くは、出願書類、面接、小論文で審査されます。しかし、細かく見ると、各大学・学部で入試の内容はかなり異なります。実際に見てみましょう。

出願書類

多くの大学で出願書類として課されるのは、**①志望理由書**です。なぜその大学・学部を志望するのかを記述します。字数は大学によって異なり、短いところで400字、長いところで2000字程度を書く必要があります。

志望理由書とは別に、**②自己推薦書**を課す学校もあります。自己推薦書は、自分のことを自由にアピールするための書類です。これまでの活動を中心に書くことが多いです。

自己推薦書は自由記述のケースがあります。その名の通り、白紙に自由に書くことが許されています。たとえば、写真や絵を使って、これまでやってきたことや、これからの構想を表現することができます。

さらに、**③活動報告書**を課す大学もあります。これまでの活動を時系列でアピールできる書類です。大会やコンクールの実績、取得した資格などが表現できるようになっています。

他の人に書いてもらう**④推薦状**や**⑤評価書**を必須とする学校もあります。

面接

面接の種類についてお話しします。

最も多いタイプが、受験生が一人の**①個人面接**です。次いで、一度に複数の受験生が並んで質問を受ける**②集団面接**を行う大学もあります。

面接の時間は、5～10分程度の短い面接から、40～50分かける長い面接もあります。

通常は日本語で行われますが、英語で面接が行われるケースもあります。

面接の発展形として、**③プレゼンテーション**を課す大学もあります。試験によってはパワーポイントの資料を使うこともできます。

さらに集団面接の発展形として**④グループ討論**を課す大学もあります。グループ討論では、与えられたテーマについて受験生同士で議論します。

◎小論文

小論文は、試験日に試験会場で制限時間内に文章を書く試験です。多くの大学の総合型選抜で小論文が課されます。しかし、小論文と一言で言っても、タイプが複数あります。

最も多いのは、**①現代文の試験のように課題文があって、それを読んだ上で自分の意見を書かせるタイプ**です。書く力はもちろん、読解力も求められます。

②課題文の代わりに表やデータが提示されて、それについて書かせるようなタイプもあります。その場合は表やデータから現象を読み解く力が求められます。

③課題文や表・データが一切ない場合もあります。「○○についてどう考えますか、800字以内で記述してください」といった、いわゆる1行問題が課されることもあります。

特殊な総合型選抜

出願書類、面接、小論文とはまったく異なる形式で評価される入試もあります。たとえば、**①図書館入試**。受験生は図書館に行き、図書館の本を自由に参照しながらレポートを作成し、そのレポートで評価されるような形式です。

また、**②ゼミナール入試**なるものもあります。複数の日程でゼミナール（少人数制の議論や発表中心の授業）を受講し、その中でレポート作成、集団討論、プレゼンテーションを通して評価されます。

以上のように総合型選抜と一口に言ってもさまざまです。逆に、何でもありなのが総合型選抜というのがおわかりいただけたでしょうか？

それゆえ、それぞれの大学・学部によって評価のされ方がまったく異なるので、しっかり探せば**自分の得意な分野で評価してくれる学校が見つかる**のです。

大学が求める能力を必死に身につけることも大切ですが、それよりも自分に合った大学を見つけて、自分の得意な分野で勝負するという方が、総合型選抜という「戦い」を有利に進めることができるのです。

自分の土俵で勝負したいですね。

図2　出願書類、面接、小論文、特殊な試験などのまとめ

特殊な入試の例

図書館入試

- 図書館で入試
- 本を参照しながらレポート作成

ゼミナール入試

- ゼミナールを受講
- レポート作成やプレゼン

典型的な入試の形

出願書類

- 志望理由書
- 自己推薦書
- 活動報告書 etc.

面接

- 個人 or 集団
- プレゼン形式
- グループ討論形式 etc.

小論文

- 課題文型
- 表・データ型
- 一行問題 etc.

5 輝くく実績がなくても問題なし

総合型選抜では高校の成績、英語の資格、大会やコンクールでの実績などが総合的に評価されます。

学年10位以内の成績、英検準1級、スポーツでの全国大会出場、コンクールで入賞、などなど、ピカピカの実績があれば、それらは総合型選抜で「戦う」上で大きな武器になります。誇れるものがあるみなさんは、ぜひそれを最大限に活かして勝負するとよいでしょう。

誇れる実績を持っていないのが普通

ただ、輝く実績を持っている人はほんのわずかです。

学年10番以内の成績を持っている人は10人しかいないわけです。ほとんどの人は、まずまずできる、普通、あまりできない、全然できない、のいずれかのカテゴリーにあてはまるでしょう。

立派な英語の資格を持っている人もそこまで多くいません。そもそもの話、持っている人が多かったら、差別化にはなりませんよね。

スポーツで全国大会に出られる人もほんのわずかです。都道府県から1校しか出られないような大会で全国に行ける人なんて、そうそういません。

コンクールで入賞するのも、もちろん大変です。みんなが入賞するようなコンクールであれば、そもそも入賞自体が評価されません。

そう考えると、誇れる実績を持っている人が少ないのは当然なのです。**持っていないからダメなのではなく、持っていないのが一般的**なのです。まずは、このことをしっかりおさえてください。もう一度言います。持っていないのが普通なのです。

総合型選抜を受験しようとする人は、実績とか受賞歴を持っている人が多いのでは？　と思うかもしれません。でも実際には、これといった武器を何も持っていない人もたくさんいるのです。

自分だけのストーリーを作ろう

輝く実績を持っていないから自分には何もない……そう思いますか？　ハッキリ言います。それは間違いです。何もない人なんていません。単に励まして言っているのではなく、実際にそうなのです。

受験生に、何でもいいから言ってみてね、と伝えると、以下のようなことが返ってきます。

- 弱小校だったけど、副キャプテンで部活をがんばってきた
- 習ったこともないし自己流だけど、趣味で絵を描いてきた
- 生き物が好きで、これまで自宅でいろいろ飼ってきた
- 不登校になって一日中、YouTube ばかり観ていた
- アイドルが好きで、追っかけをやっていた

確かに、それだけ聞いたら実績とは言えないかもしれませんし、アピールにはなり

ません。ここで大切なのは、ストーリーです。具体的に言うと、これらを組み立てることで、大いに活用できる材料になり得るのです。

その具体的なストーリーの組み立て方は、次の章でじっくりお話しします。今は、みなさんすべてにストーリーがある、つまり、だれもが総合型選抜で十分「戦える」武器を持っている、ということを強調しておきます。

食べる人のことを考えながら料理する

総合型選抜は、たとえて言うなら料理コンテストです。冷蔵庫にある材料を使っていかにおいしい料理を作るかを競うのと一緒で、**自分の持っている材料を最大限活用して自分の世界観を魅力的に伝える**ことで、他の受験生と競います。この「世界観」については、次章でくわしくお話しします。

評定も高いし、英語の資格も持っているし、しかも、全国大会に出ている、というような人は高級食材をたくさん持っているようなものです。

ただ、何でも詰め込めばいいというわけでもありません。脂ののったウナギと霜降り肉があったときに、その活用の仕方は意外と難しくなります。まったく異なる分野で輝かしい実績を複数持っている……。一つひとつはすばらしいけどこれらを組み合わせるのは、難易度高めです。

逆に、じゃがいも、玉ねぎ、にんじん、鶏肉、といった、だれでも持っているような材料しかなくても、何をどのように作って、どのように盛りつけするかによって、魅力的な料理を作ることは可能です。つまり、輝かしい実績とは言えないかもしれない経験だったとしても、ストーリー次第で強力な売りになるのです。

ですから、まずは自分のこれまでのことを振り返って、どんな材料があるか一通り確認しましょう。材料の洗い出しができたら、それをどのように組み立てて、どのようなストーリーで伝えるか、考えましょう。

そのときには料理コンテスト同様、自分らしさを意識しつつ、その料理を食べる人（つまり大学の先生方！）を想像しながら検討できるとよいでしょう。

いい材料があればそれに越したことはありませんが、それ以上に**それをどう伝えるかの方が大切**なのです。

図3　よくある材料からストーリーを組み立てる方法

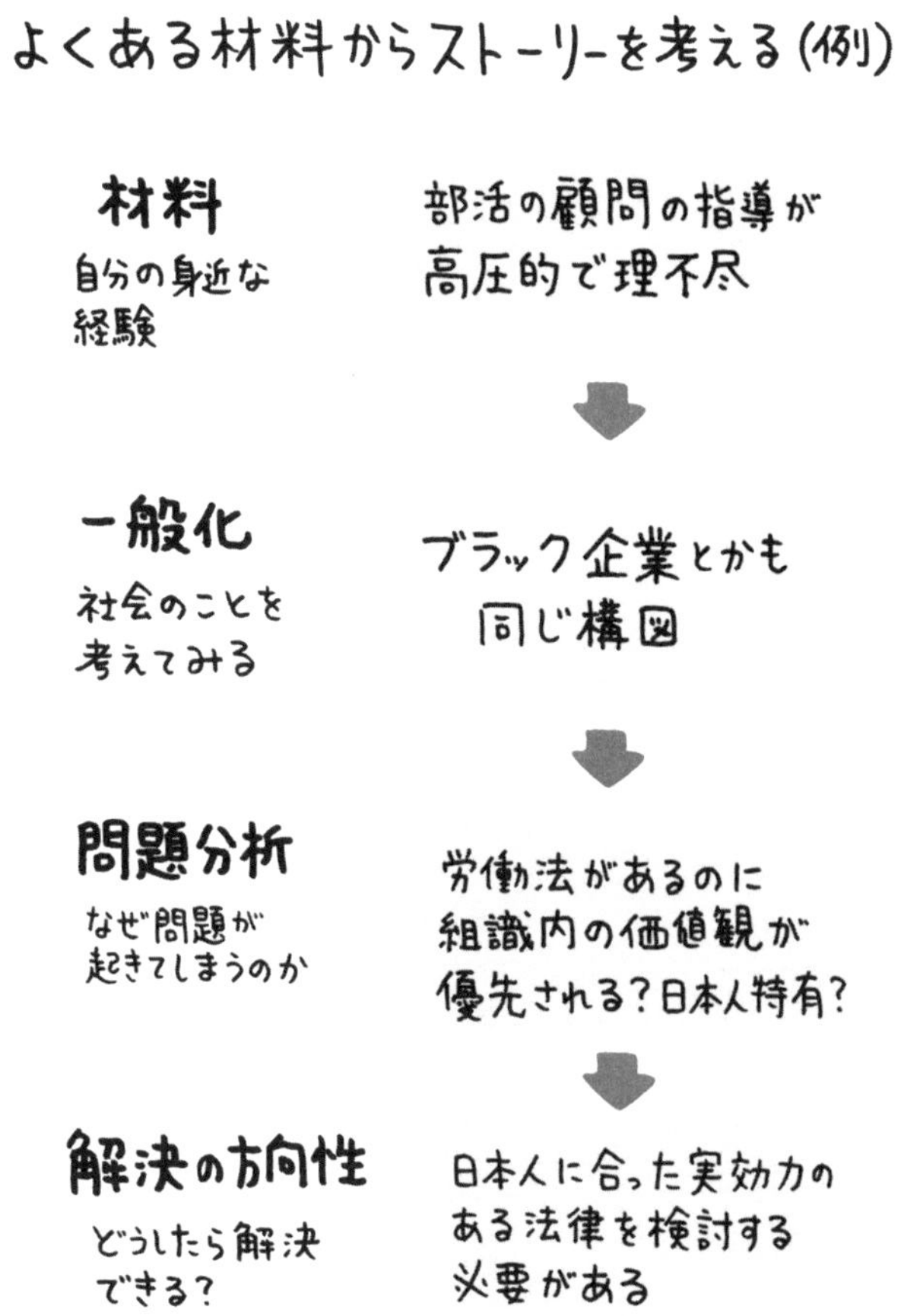
よくある材料からストーリーを考える(例)
材料
自分の身近な経験
部活の顧問の指導が高圧的で理不尽
一般化
社会のことを考えてみる
ブラック企業とかも同じ構図
問題分析
なぜ問題が起きてしまうのか
労働法があるのに組織内の価値観が優先される？日本人特有？
解決の方向性
どうしたら解決できる？
日本人に合った実効力のある法律を検討する必要がある

6 究極の問い

総合型選抜には「究極の問い」があります。これに答えられればすべてOK！という、総合型選抜の本質を突く問いです。

それは面接の場における、

「あなたはなぜ今ここにいるのか？」

という問いです。

言い換えると、**①あなたの今までのこと、②今のこと、③この先のこと**についての問いです。この三つが、矛盾なく、一直線になるか？　これを聞くのが、「あなたはなぜ今ここにいるのか？」、つまり、「あなたはなぜこの大学を志望するのか？」という問いです。

すべての出願書類は、この問いに答えるために準備するようなものです。面接で聞かれる質問は、内容の違いこそあれ、すべてこの究極の問いに結びつきます。少し抽象的なお話に聞こえるかもしれません。以下、具体的にお伝えします。

過去・現在・未来

なぜ今ここにいるのか？　という問いに答えるためには、まず自分のこれまでの経緯を伝える必要があります。自分が**今までどういう道をたどってここに来たのか？**ということ、つまり、あなたの「過去」です。以下のように考えます。

過去

- これまでどのような環境で過ごしてきたか？
- どのようなことに力を入れてきたか？
- 今の自分を形作ってきたのはどのようなものか？

まずはこういった質問に答えます。

次に、これまでのことを経て、今の自分がどのような人になり、今どのようなことを考えているのかについても言えなければいけません。つまり、あなたの「現在」です。

現在

- 自分はどのような強みを持っているか？
- 今最も関心を抱いていることは何か？
- 今どのような問題意識を持っているか？

こういうことにも答える必要があります。

さらに、そういった自分がどうして今、いろいろな選択肢がある中で、ここにいるのか？　を伝えるためには、将来のことについても言えるといいでしょう。つまり、あなたの未来です。

未来

- 将来何を実現しようと思っているか？
- 大学卒業時、どのようになっていたいか？
- 今から30年後、どのようになっていたいか？

面接官である大学の先生に、自分がめざす方向を理解してもらうことが、今ここにいる理由につながります。

自分の過去、現在、未来について伝えて初めて、なぜ今ここにいるのか（この大学を志望しているのか）？　という質問に答えられるようになります。

あなたの**過去、現在、未来が一直線になり、その現在と未来の間にこの大学がピッタリはまれば**、話を聞いている大学の先生にとって納得感があります。つまり、今ここにいる理由が伝わるのです。

他の大学でもいいのでは？

一つだけ注意したいことがあります。

「その理由だと、他の大学という選択肢もあるのではないか？」

「この大学以外の選択肢もあるのではないか？」

と思われる余地が残ることです。そこでなぜこの大学なのか？　この大学でなければいけないのか？　という直接的な問いにも答える必要があります。

- なぜこの大学・学部を志望するのか？
- この大学・学部で何をどのように学ぼうと思っているか？
- この大学で追究したいテーマは何か？

この「他の大学でもいいのでは？」という質問に答えるための準備は、次の項でくわしく説明しますね。

では、これまでお話ししたことをまとめます。

①過去「究極の問い」に答えるためには、まずこれまでのことに答えられるようになる。
②現在その過去を経て、今の自分はどのような人で何を考えているのかを伝える。
③未来その延長線上で、将来どのようなことを実現したいのかも伝える。

この三つの段階を経て初めて、今、なぜこの大学を受験しているのかを、ハッキリと伝えられるようになるのです。

包括的にその人の過去、現在、未来と、大学で学びたいことについて問い、**すべての整合性が取れているか確認**する、それが「究極の問い」なのです。

あなたは「究極の問い」に答えられますか？

7 ここじゃなきゃいけない理由は不要？

ここまで読んでくれた方は、総合型選抜の合否は、学校の成績や英語の資格だけで決まるわけではないことを理解してくれたかと思います。大切なのは、自分とその大学のマッチングで、**「自分にとってその大学での学びがいかに必要か？」**を伝えられるかどうかということなのです。

しかし、ここで問題なのが、前項で少し触れた、その大学でなければいけない理由です。「他の大学でもいいのでは？」という質問には、どう答えればいいのでしょうか？

まずは、過去・現在・未来について整理する

たとえば、Ｋ大学をめざしているとしたら、当然ながら、Ｋ大学での学びが、自分にとって必要不可欠であることを示す必要があります。

「取りたい授業がある」「４年間のカリキュラムがよい」「参加したいゼミがある」「(少人数制など) 授業の形態がよい」「意識の高い学生が多い」「大学の理念に共感できる」などのK大学の特長の中から、自分にとってK大学が必要である理由を伝えます。それがそのまま志望理由になります。

先ほどお話ししたように、自分の過去、現在、未来を整理すると、今自分にとってK大学での学びが必要であることが見えてきます。たとえば、

①**過去** 高校の友人が金銭的な理由で大学をあきらめた

↓

②**現在** 本人の責任ではない格差を理不尽に感じる

↓

③**未来** だれでも利用できる奨学金制度を充実させて教育格差を是正したい

というストーリーを伝えれば、格差や社会保障について学びたい、K大学にはそれが学べる○○○○や□□□□という授業がある、だから、自分にとってK大学で学ぶ

ことが必要、という主張ができます。

これでK大学に行けばそれが満たせる、ということは言えました。ここまでは比較的簡単です。しかし、難しいのは、K大学じゃなきゃいけない理由を伝えることです。

「絶対にK大学！」は逆に不自然

「それがやりたいことならW大学の方がいいんじゃない？」

みたいなことを面接で聞かれることはめずらしくありません。実際、W大学でも格差や社会保障について学べます。では、なぜK大学じゃないといけないのでしょう？

なぜ？　なぜ？　と聞かれると、W大学とK大学の間の細かい相違点に注目しがちになります。K大学の方が教員の数が多い、図書館の蔵書数が多い、選択授業の数が多い、などなど、本当に「ミクロ」な部分に目が向くようになります。

大学について、より深く知るのは大事なことです。しかし、W大学よりK大学の方がいいことを言うためだけに、**自分がそこまで重視していない理由まで取り上げるのは本末転倒**です。

さらに言えば、図書館の蔵書数が多い方がいいのであれば、M大学の方がいいんじゃない？　とツッコミが入るかもしれません。すべてのツッコミに答えられるようにするためには、R大学、C大学、H大学、A大学の蔵書数を知っておく必要もあります。しかし、それは現実的ではありません。

そもそも本当にK大学じゃないとダメなのでしょうか？　多くの人は第1志望と第2志望の差がそこまでありません。K大学のいいところもあれば、W大学のいいところもあります。それなのに、いろいろな理由をつけて絶対K大学がいいんです！　と主張するのは逆に不自然に思われます。

K大学対W大学が6対4くらいの志望度であれば、面接でそのニュアンスを伝えることは問題ありません。結論を言うと、**「W大学もいいところがたくさんあって合格したら喜んで行くけれど、授業や学びの環境を総合的に考えると、やはりK大学の方が魅力的」**ということが伝えられれば、それで十分なのです。

その大学・学部でなければいけない理由は考える必要があります。しかし、ロジックでガチガチに固めて、そこじゃなきゃいけない！　と言う必要はないのです。

8 募集要項が唯一のルールブック

洗濯機やテレビなどの家電を買うと、必ずマニュアルがついてきます。マニュアルにはその家電の使用方法についてくわしく書いてあります。でも、マニュアルを1ページ目からじっくり読む人は少ないかもしれません。まずは直感的に使ってみる人が多いかと思います。

ただ、最近の家電はインターネットにつながったりAIが入っていたり、多機能なものが多いです。改めてマニュアルを熟読すると、とても便利な機能を発見できたりします。購入した家電をフル活用しようと考えたら、マニュアルを読まない手はありません。

大学受験で**マニュアルに相当するものが募集要項**です。家電のマニュアルと同様、読まずに出願する人はとても多いです。しかしそれは、とてももったいないだけでなく、必要なことを見逃すリスクがあります。ですので、本気でその入試に合格したいと思うのであれば、募集要項は**隅から隅まで熟読**しましょう。

その大学が求めているのはどんな学生？

最初にじっくり読みたいのはアドミッションポリシーです。

その大学・学部がどのような学生に入学してほしいと考えているか？　明確に知ることができます。大学によってはアドミッションポリシーとは別に、大学の理念や学部長の言葉を載せています。どのような大学かを知る上で、とても参考になります。

アドミッションポリシーを正しく理解することは、合格に近づくための書類作成や面接での受け答えにつながります。また、そもそも**自分はこの大学・学部に合っているのか？　そもそも受験すべきなのか？**　を考えるヒントにもなります。

受ける資格があるか？

出願要件もしっかり確認しましょう。

- 現役のみか既卒もＯＫか。既卒もＯＫの場合、卒業後何年目までＯＫか。
- 英語の資格は必要か。必要な場合、どの資格が有効で、スコアや級の条件はあるか。＊英語の資格は○○年○○月以降に受けたもの、という条件があることもあります。

● 評定の要件はあるか。ある場合、何点以上が必要か。＊評定は、科目ごとの条件が指定されているところもあります。

● 活動の要件はあるか。スポーツの実績が必要な場合、どういった大会でどこまで勝ち進んでいればよいか。ボランティアの実績がある場合、どれくらいの期間、活動していればよいか。

あなたは受験資格を満たしているでしょうか？　しっかり確認してください。

発行までに時間がかかる書類もある

書類の内容も確認しておきましょう。

書類の種類、制限字数、書式等、一通り確認しておきましょう。出願書類には高校に出してもらう調査書の他、評価書や推薦書のように、他の人にお願いしなければいけないものが含まれることがあります。

また、英語の資格の証明書等、公式な書類が必要な場合があります。特に英語の資格の証明書は、**発行するのに時間がかかるケースも多い**ので気をつけましょう。

何の科目を準備すればいい？

二次選考の内容も確認しておきましょう。面接、小論文、英語など、入試によってさまざまです。募集要項によってはよりくわしく試験の内容が書いてあることもあります。しっかり読み込んだ上で、二次選考の準備をしましょう。

書いていなければ気にしなくてＯＫ

募集要項には細かく書いていないことがあります。たとえば、書類郵送時に書類をクリップで留めるべきかどうか？　クリアファイルに入れるべきかどうか？　などです。基本的には募集要項にダメと書いていない場合は、どちらでも大丈夫です。迷う場合は、常に、書類を確認する人、つまり**受け取る人にとってよいと思うかたち**を選びましょう。

9 総合型選抜は併願できる？

「総合型選抜は併願できるのでしょうか？」

という質問をよく受けます。結論から言うと併願できます。しかし、高校によっては「総合型選抜向けの調査書は1通しか出さない」という方針の学校もあります。結果、総合型選抜で受けるのは1校だけ、となる人も少なからずいます。

しかし、原則、総合型選抜の併願を許可していない高校でも、**条件によって許可が得られるケース**があります。その際、なぜ自分にとって併願することが大事なのか？ということを説明できるようにした上で、先生に相談してみましょう。

いずれにせよ、通っている高校、あるいは出身高校の方針を早めに確認しましょう。

専願の「縛り」は3パターン

総合型選抜の中には、募集要項に「専願」と明記している学校があります。この場合、専願が条件となるため、同時に複数受験することは難しいでしょう。

ただ、多くの総合型選抜の場合、専願か併願かを、そこまで明確に表現していません。よくあるのは以下のような文言です。

①他大学との併願は妨げません
②他大学との併願は妨げませんが本大学を第一志望とすること
③本大学を第一志望とし、合格したら入学を確約すること

①の場合は問題なく併願できます。②だと微妙になってきて、③だとかなり併願しにくいと言えるでしょう。

実際には大学側で受験生が併願することに対して防ぐ手立てはありません。しかし、大学に忖度《そんたく》するかたちで高校が調査書を出さないこともあります。**「第一志望とする」という文言がある以上、同時に複数受けてはいけない**、という指導をする高校もあります。その場合、②のような文言のある学校を複数同時に受けられなくなります。

また、生徒の要求通りに調査書を何通でも出す、という方針の高校もあります。その場合、併願するかどうかは自分で決めます。

受験パターンを考える

あなたには、総合型選抜で受験したいと思う大学・学部が複数あるとします。高校も調査書を出してくれる場合、何校くらい併願すべきでしょうか？

一般選抜メインで考えている場合は、**総合型選抜、学校推薦型選抜の受験は1校ずつまでに**するのが無難でしょう。その場合、総合型選抜は本命の大学・学部のみ出願する、ということもあり得ます。また、押さえの学校を総合型選抜で確保し、さらなる「上振れ」を学校推薦型選抜と一般選抜でねらうこともできます。

勉強はあまり得意じゃないから一般選抜はちょっと無理かも、評定も取れていないから学校推薦型選抜も難しいかも、何とか総合型選抜で決めたい、という人は、**総合型選抜で2校以上、できれば4〜5校、出願したい**ところです。

チャレンジする大学、現実的な大学、押さえの大学といった感じで、自分の持っている評定平均、英語の資格、活動実績等を考慮に入れます。さらに、合格の難易度を把握した上で、出願する大学をバランスよく決めていけるとよいでしょう。

出願は準備可能な範囲で

複数校受ける場合は、並行して準備ができそうか？　を考えることが大切です。準備にかかる時間を見積もることに加え、出願締切が同じタイミングの学校を避けることも考えてください。

併願校を探す際、ある程度学部を絞ると、書類やテストの準備を効率的に行うことができます。たとえば第1志望が法学部の総合型選抜なのであれば、併願校も法学部にすると、**一つの志望理由書を活用**でき、準備がしやすくなります。もちろん、なぜその大学を志望するのか？　その大学でどのように学ぶか？　は学校ごとに変える必要があるのは言うまでもありません。ただ、どうして法学部に興味を持つようになったのか？　というきっかけの部分や現在の問題意識、将来実現したいことは、ほとんど同じように書くことができます。

また、小論文の試験がある場合、法学部の小論文は大学が変わっても、**同じような準備で対応可能**です。併願する場合は戦略的に考えましょう。

10 合格までのプロセス

この項では、第1章のまとめとして、これまで説明してきたことを振り返りながら、総合型選抜の合格までのプロセスを紹介します。

まずは大学・学部選び

総合型選抜で最も大切なことは大学・学部とのマッチングです。ですので、まずは**自分に合った大学・学部と入試方式を選ぶ**ことが合格のためのカギになります。自分のこれまでやってきたこと、大学で学びたいこと、将来やりたいことを考えながら、自分にとってベストな大学・学部を考えましょう。

一般選抜ではちょっと難しい、という大学でも、自分に合っていれば合格の可能性は十分にあります。一般選抜の偏差値とは関係なく、自分こそこの大学で学ぶべき、という**相思相愛の大学・学部**を見つけましょう。

総合型選抜と一言で言っても、さまざまな形式の試験があります。出願書類、面接、小論文での審査が一般的ですが、グループ討論が行われたりプレゼンテーションが課されたりする学校もあります。試験の内容についても知った上で、**自分が有利に戦える入試**を選びましょう。選ぶ上では、各選抜の募集要項のアドミッションポリシーや出願要件も読み込むことが大切です。その選抜方法が自分に合っているか？　出願要件を満たしているか？　もしっかり確認しておきましょう。

総合型選抜では併願も可能です。ただし、出願するためには高校で調査書を出してもらう必要があるので、高校の先生と相談しながら併願校を選びましょう。併願校に、第1志望と同じ系統の学部を選ぶと準備がしやすくなります。

その大学を受ける必然性を考える

受験する大学・学部が絞れたら、まずは自分の持っている強みである「材料」の洗い出しをします。総合型選抜は「料理コンテスト」のようなものです。いい材料がそろっていればそれに越したことはありませんが、そのような人は、実は多くありません。**自分が持っている能力や経験を最大限活用**してアピールすることを考えましょう。

それから面接の場で「あなたはなぜ今ここにいるのか？」という究極の問いに答えられるように、自分の考えを整理していきましょう。究極の問いに答えるためには、これまでのこと、今の自分、将来のこと、なぜ他の大学でなくその大学なのか？　その大学で何を学ぶのか？　という**「必然性」を整合性のある形で伝える**必要があります。

ただし、なぜ他の大学でなくてその大学なのか？　について、ロジカルに詰める必要はありません。その大学が第1志望であることはもちろん伝えたいですし、なぜその大学なのかということも伝える必要がありますが、他の大学との違いをそこまで強調する必要はありません。

志望理由書・面接・小論文

自分の材料の洗い出しをして、究極の問いにどう答えるか？　何となくの方向性が定まってきたら、出願書類を作成します。出願書類を作成する前に、改めて**募集要項で要求されていることを確認**しましょう。特に重要書類である志望理由書については、第2章でその書き方を説明します。「一味違う志望理由書」の作成をめざしてください。

出願書類は、オンラインで提出する場合と手書き書類を郵送する場合があります。手書きの場合は、清書に時間がかかるので、そのために丸一日用意しておきましょう。

総合型選抜は、全員が次の試験に進むパターンと、始めに書類審査を行い、そこを通過した人だけが次の試験に進む、2段階選抜のパターンがあります。

試験では面接を実施する学校がほとんどです。個人面接のところもあれば集団面接の学校もあります。改めて「究極の問い」に答えられるように準備をしましょう。面接については、第3章でその準備の方法について説明します。

面接に加えて小論文の試験を実施する学校も多いです。小論文は志望理由書や面接と異なり、自分自身のことを書く必要がありません。設問に対して論理的で、説得力のある答案が書ければ合否ラインを超えることができます。第4章で「負けない小論文」の書き方をお伝えします。

出願書類、面接を通して、自分自身とその大学・学部のマッチングをアピールし、小論文で書く力・考える力を証明できれば、最終合格が見えてきます。

図4 第1章のまとめ

総合型選抜合格までのプロセス

大学・学部選び

・マッチングが大事！
・自分に合った入試を選ぼう！
・出願要件資格を確認する

↓

その大学じゃなきゃいけない理由

・材料の洗い出しをしてみよう
・自分の過去・現在・未来を整理
・「あなたはなぜ今ここにいるのか？」

↓

出願 → 当日の試験

・募集要項を熟読しよう
・書類・面接で究極の問いに答えよう
・小論文は論理性と説得力が大事

第2章

一味違う志望理由書

総合型選抜において合否を左右する最も重要な書類が志望理由書です。読んだ後に、「会ってみたい」と思わせるような書類を準備する必要があります。残念ながらこう書けば受かるという型はなく、どう書けば自分の考えや思いが伝わるかを試行錯誤しなければなりません。自分の材料を洗い出してストーリーを考えて、他の受験生のものとは一味違う志望理由書を作成しましょう。

11 限られた字数で会ってみたいと思わせる

志望理由書の作成は、「**一度も会ったことのない知らない大人に、限られた時間と字数の中で、自分の魅力や考えを最大限に理解してもらう『ゲーム』**」だと思ってください。

その「ゲーム」は、たとえば２０００字という制限の中で行います。本当に自分の魅力をわかってもらうためには、朝から晩までその相手に、一緒にいてもらう必要があるかもしれません。しかし、２０００字という限られた範囲でそれを行う必要があります。さあ、どうすればいいでしょうか？

読む人の心を動かそう

志望理由書には、多くの大学で「〇〇字以内で述べなさい」といった文字数の指定があります。ですから、自分の世界、つまり、伝えたいことから必要な部分を切り取り、さらにその切り取った素材を凝縮し、その上で表現を工夫し、書いていきます。「五・七・五」の俳句のように、ごく限られた字数の中で動画や風景、心の内や遠い未来が思い浮かべられる作品づくりをする作業と似ているかもしれません。

さらには、「どうしてもあなたの学校で学びたい!」という想いを経験と共に伝える書類なので、志望理由書にはラブレター的な側面もあります。

そして、その中に込めたい要素は相手の心を動かす内容です。書かなければいけない要素は自分の「世界観」です。

「世界観」とは何でしょうか? 前章でお伝えした「究極の問い」を思い出してください。「あなたはなぜ今ここにいるのか?」、つまり過去・現在・未来です。実は「世界観」とは、まさにこの視点と直結するのです。

その「世界観」を具体的に過去・現在・未来に置き換えてみます。

過去 これまでにがんばったこと、活動実績、こだわったこと、プライド、心情の変化

現在 これまでを踏まえて今抱く価値観、自分の持ち味

未来 これから自分の歩みたい人生や描き出したい社会の「青写真」、そのイメージに行きつくために今まだ足りないこと、それらをカリキュラムや課外活動など「大学が提供するメニュー」を使ってどのように実現させていくか

このように、過去・現在・未来の視点で自分の経験したこと、考えたこと、実現したいことなどを言語化します。これが「世界観」です。これらの「世界観」を、許されている字数に収めるのです。

だれかの心を動かそうとするときは、自分の心が動いている部分を伝えると効果的です。だれかと比べることなく、自分の心に響く音に耳を澄ませる先に、「世界観」は潜んでいるのです。

◎「会ってみたくなる」志望理由書

さまざまな選考スタイルがある中で、最も多いのが、書類選考の後に面接を課す大学です。書類で人数を絞って、選ばれた受験生だけが面接に進むことができます。

みなさんに書いてほしいのは、穴のない「完璧」な志望理由書ではなく、**不完全でも「会ってみたい」と思わせる志望理由書**です。どういうことでしょうか？

「完璧」な志望理由書は、あなたの考えていることや人となりがすべてが伝わるおそれがあります。そうなると、面接官の先生は、実際に会わなくてもいいかな……と思うかもしれないということです。

そうならないために、すべてを言い尽くさず余韻を残す。つまり、**「寸止め」**です。**――相手に「これってどういうこと？」と思わせる**「不完全」な志望理由書を書くのです。その方が「もっと聞きたい」と思わせることができるはずです。一番面白いところを、あえて見せない。寸止めすることで大学の先生の興味をそそるわけです。

志望理由書を作成する際、周囲の大人が助言をくれたり、自分が助言を求めたりするでしょう。頼まれた大人も大切な志望理由書に懸命に関わってくれます。その際、ビジネスで鍛えた鋭い視点で論理の穴を指摘したり、隙《すき》なくすべてを述べるよう、促したりするかもしれません。しかし、あまりにも**完成度の高い志望理由書は、質問する余地がありません**。大学の先生が、あなたの志望理由書を読み終わったときの感想は「わかった、もういいや」となる可能性があるのです。

実際に慶應義塾大学に合格した受験生のストーリーを例に挙げます。

「私はフルートのコンクールで全国4位だった。毎日7時間以上、楽譜をひたすらなぞった」

「ある日、車を買い替えたい父と一緒に、車屋さんに行った。そのとき試乗していた車から降りて扉を閉めたとき、『この扉の音には深みがあるね』と父が何気なく放った言葉が私の『音』に対する見方を変えた」

「それ以来私はいい音を出したい、と考えるようになった」

「大学では『いい音』の正体を突き止め、それをより色々な場所で届けられるようにすべく、貴学で学びたい」

＊紙幅の都合上、編集の上、掲載しています。

実際の志望理由書はもっと長いですし、紙幅の都合上、多少変更しています。

大学で何をどのように学ぶのかの部分は薄いかもしれませんが、フルートをがんばってきたからこそ考えたこと、感じたことに字数を割きました。

また、濃い言葉で書いていたからこそ、この受験生の温度感となって、伝わる文章になっています。でも、**「大学をどう使うつもりなのか」**には、あまり触れず、寸前で止めています。これで大学の先生は、「聞いてみたい！」と思われたのでしょう。

この受験生が「世界観」全体をまんべんなく書いていたとしたら、逆に会ってみたいと思ってもらえなかったかもしれません。

自分が探しに探した大切な価値を、自分の言葉で伝えましょう。語り切れないことがあったとしても、想いを伝えましょう。そして、「完璧」ではなく、「不完全」な書類をめざしましょう。

12

他の人の志望理由書は見ちゃダメ

書類をこれから作ろうとしている受験生から、「同じ学校を受けた人の志望理由書を見せてもらえませんか?」と頼まれることがあります。何を書いたらいいかわからないから手がかりが欲しい、という意図です。しかし、結論を言うと、他の人の志望理由書を見るのはNGです。

志望理由書を作成する際に最も大切なのは、**差別化を図る**ことです。つまり、「他のだれかではなく私が選ばれるんだ!」というマインドセットが大切なのです。

仮に、志望校の倍率が3倍だとしましょう。簡単に言うと、一人選ばれる試験に三人応募している状態です。「他に出願したあの子でもなく、他のあの子でもなく、私が選ばれた!」となって初めて合格するのです。

他の人の志望理由書を見てしまうことは、自分の志望理由書を他の人に近づけてしまうことにつながります。つまり、**自ら差別化の要素を消してしまい、自分が選ばれる可能性を減らしてしまう**のです。これはとてももったいないことです。

マネしてもうまくいかない

他の人の志望理由書を見てしまうことの危険性は他にもあります。結論から言うと、マネしてもうまくいきません。理由を説明します。

出願書類は、志望理由書が中心となるのは確かです。しかし、多くの大学では、志望理由書以外にも提出すべき書類があります。

たとえば、大学の先生は、活動実績や調査書などを含めて、受験生のさまざまな側面を「総合的」に確かめながら選抜します。

それにもかかわらず、他の人の志望理由書だけを見て、その形をマネしたとしたらどうなるでしょうか？　他にもたくさん書類があるのに、志望理由書だけが他の人のマネ。**志望理由書だけ他の書類から浮く**ことは容易に想像がつくでしょう。

全国大会出場、留学に3年間行っていた経験、語学の資格など、それぞれの受験生の魅力を踏まえた上で内容を決めていくのが志望理由書です。しかし、別の人、つまり、それと同じ魅力を持たない人が、単に見かけた文章の雰囲気だけをマネしても、その人の魅力は埋もれてしまいます。さらにそもそもの話、別の人の話なので、ぎくしゃくした、不自然な内容になってしまうのです。結果、どうやってもうまくいかないのです。

◎一度見た内容は忘れられない

このような危険性を知りながら、一度でも他の人の志望理由書を見てしまうと、どうしても同じ雰囲気の文章を作ってしまう……。そうするつもりはなくても、です。無意識のうちに**発想にストッパーがかかり**、見た志望理由書のクオリティや内容を超えられなくなります。

しかも、見るとしたら、それはすでに合格をした過去の受験生の志望理由書でしょう。「すでに合格した他の人の志望理由書」＝「自分の合格の可能性を高めてくれる志望理由書」という思いから抜け出すことができず、どこまでも頼りたい気持ちに陥ってしまいます。こうなるともう、**見てしまった志望理由書から逃れるのは困難**です。ですから、答えを他の人に求めるのではなく、過去、現在、未来という「世界観」の要素ごとに、自分の志望理由書を作りましょう。

自分の力で合格を勝ち取らなければいけないのが入試です。だれかに頼りたい気持ちがあると、その「突破力」は半減します。合格に近づこうと思って見たのに、結果、合格から遠ざかってしまう。そんな残念なことはありません。

あなただけの志望理由書を書こう

と言われても、「この白紙に自由に絵を描いていいよ」と突然言われたような、心もとない気持ちになるかもしれません。

実際、志望理由書を書き上げるためには、「生みの苦しみ」とも言えるような、うんうん唸《うな》るような時間もたくさん待っています。それを突破する唯一の方法が、**頭の中にあることを「見える形にする」こと**です。要は**とにかく書き出すこと**です。

たとえば、「過去」の部分であれば、これまでだれかに褒められたことを、どんなに小さなことでもいいので書き出しましょう。
「未来」の部分であれば、「こうなりたいと思う自分の姿」でもいいです。「将来、世の中こうなったらいいのに」でもいいですし、「今自分が不満や憤りを感じていること」でもいいです。

これらを書き出したら、それをどう組み合わせたら自分の考えに一番近いものになるのかを、つなげて書いてみましょう。見える形にすれば、自分の「本当の考え」とどのくらい合っているのか、ズレているのかがわかってきます。これを繰り返していきましょう。

他の人の志望理由書を見ずに書けば、新しい見方が少しずつできるようになります。また、斬新なアイデアも湧いてきます。文章全体の書き方も、ていねいに考えをたどることで自然と整ってきます。そして最後には、あなたにしか書くことができない個性豊かな、彩りのある唯一無二の志望理由書を書き上げることができます。

だから、「他の人の志望理由書」は見ちゃダメ！　徹底しましょう。

13 「型」はあるけど

「この書き方にすれば上手に書ける」、いわゆる「型」のお話をします。志望理由書の「型」、つまり、何をどのような順番で書いて……という文章の構成を示すのが「型」です。結論から言うと、**型通りに書くのはやめましょう。**

世の中にはそれなりの数の型が出回っています。それはだれかにとってよかった型であったり、多くの文章を見比べてみて、そこにある共通項を整理した型であったり、種類はさまざまです。しかし、今のところ、唯一の完成した最高の型は存在しません。

なぜ型通りはダメなのか？

「型」は、発想のヒントにはなり得ます。型通りはダメですが、参考にしてもいい、ということです。よさそうな要素や共感を得るためのポイントが含まれているので、知っておいて損はありません。

では、なぜ型通りはダメなのでしょうか？　どこかで見つけた型の通り書いてみると、「それっぽい文章」にもなります。ただ、これがダメな理由なのです。どういうことか？　「それっぽい文章」が手に入ると、「ま、これでいいか」という気持ちになります。いい感じに見えてしまうと、途端にやる気が萎《な》えてしまうのが人間の自然な反応です。そうなると、さらにもう一歩進めて**「自分だけのオリジナルを作ろう！」という気持ちが出てこなくなる**のです。

型の示す内容はどれも間違ってはいません。しかし、自分の想いを伝えるためにはピッタリとフィットしません。けれどもそれに気づくのは難しくて、そのまま書き進めると、どことなく平板な、訴える力の乏《とぼ》しい文章ができ上がってしまいます。

志望理由書は他の受験生との差別化が重要なポイントです。しかし、型通りに書いていると、**どこかのだれかと似た内容に留まってしまう**のです。あなたの文章力によってもっとよくなるはずの志望理由書が、型通りに書いた結果、無難になってしまったら、それはとてももったいないことです。

読み手の気持ちを考えよう

型通り書くことのもう一つのデメリットもお話しします。読む側の気持ちを考えるとすぐにわかります。

志望理由書を読む人は大学の先生です。みんなが型通りに書いてきたらどうでしょうか？　途中で読むのが嫌にはならないにしろ、飽きてしまうでしょう。毎年選抜に関わる先生は、たくさんの志望理由書を読んでいます。しかしみんな一緒……正直、読む気が失せます。

型通りの文章は、空欄補充をしたようなもので、さらりと読み終わってしまう。つまり、**記憶に残らない志望理由書**であると、先生方は経験上知っています。受験生は、差別化された志望理由書をめざしているのに、読み手にはまったく届かない文章になってしまうのです。

志望理由書は同じ内容になりやすい

ここまで型通りの志望理由書のデメリットをお伝えしました。言われてみれば当たり前ですよね？

多くの受験生は総合型選抜の出願書類を作ることに慣れていません。大学受験が初めての人も大勢います。前章でも触れましたが、だいたいの人が同じような高校生活を送っています。特別感のあるキラキラした人は決して多数派ではありません。

つまり、ほとんどの志望理由書は、**一見「普通」の話題を、自分なりの見方で捉えたり、視点の位置を工夫して書いているに過ぎない**のです。

そのような理由から、そもそも志望理由書は、同じような内容になりがちなのです。だからこそ、書き始める前から、無難な型に沿ってはいけません。自分なりに、時間をかけて心をこめて書類を作っていくことが、最終的によい仕上がりにつながるのです。

たとえば、多くの人が志望理由書の最後の一文として、決まり文句のように「以上より、私は貴学貴学部への入学を志望する。」と書きます。もちろんこれはこれで成立しますが、もう少し推敲《すいこう》したいです。

「以上が、私が貴学貴学部への入学を志望する理由だ。」ではダメだろうか？　あるいは「この志を持って貴学貴学部に入学し、私は必ずや目標の実現を果たす。」みたいに言うことはできないだろうか？　定型文で納めるのが「鉄板」とされがちな最後の一文ですら、考えることはたくさんあります。

「型」をなぞって終わってはいけない。「型」を破り、「型」を離れるところまで考えましょう。

答えを選ぶのは自分

自分で試すことより、

「みんながこう言っている」

「だれかがよいと言っている」

という、「多数派」が取る答えを正解とする流れが、世の中で強くなっています。もしかすると志望理由書を作る過程であちこちからアドバイスをもらえる環境があるかもしれません。ただその結果、正反対に見えるアドバイスがたくさん集まり、どれに従えばいいのかわからなくなる人もいるようです。


特に大人や合格した人のアドバイスの影響力は強いです。

しかし、彼らのコメントは指示ではなくアドバイスに過ぎません。全部取り入れてもいいし、全部拒んでもいいのです。

決めるのは自分で、アドバイスを取り入れることを選んだ時点で自分の決断になります。


「最後は自分の決断」

この気持ちを持って、ここから先、具体的な作業を進めましょう。

14 まずは材料を並べてみる

前章で、総合型選抜を「料理コンテスト」にたとえました。また、料理に使う材料についてもお話ししました。みなさんの「売り」の話しです。しかし、この章から読み始めた方もいるかと思うので、改めて、みなさんすべてが「売り」を持っていることについてお伝えします。

総合型選抜では、大学が受験生にこう呼びかけているイメージです。

「みなさん一人ひとりが、自分の冷蔵庫を持っているはずです。みなさんの冷蔵庫にある材料を使って、みなさんが一番おいしいと思う料理を出してみてください。それで決めます」

「さあ、作ろう」と思って自分の冷蔵庫を開けて、その中にある材料で一番おいしい料理を作ろうとするのだけれど……いざ作ろうとすると自分の冷蔵庫に何が入っていいるのか、中身をすべて把握していないこともあります。毎日使っていれば知っているのだけれど、そんなこともないし、奥の方にはめったに使わない材料もあります。

奥の方にあるめずらしい、味わい深い材料に気がつかないまま、すぐに見つかった材料だけで志望理由書を書くのはもったいないです。それに材料の存在は覚えていても、その一番おいしい使い方を知らないのも、もったいないです。

意外と自分の冷蔵庫に入っている材料の使い方は固定され、単純になってしまっていて、下手をすると貴重な材料を使わずに捨ててしまうことだってあります。

冷蔵庫の手前に入っていた、最初に見つかった素材だけではなく、奥の奥の方に入っている、ヘンテコなものや、しわしわで役に立たなそうに見えるものも、全部手を伸ばしてつかんでおきましょう。

そして手に取った材料を、すぐに「要る」、「要らない」と取捨選択するのではなく、いったんキッチンのテーブルに並べて、それから眺めてみることにしましょう。

あなたの「売り」は何ですか？

英検のスコア、大会やコンテストの実績、部長を務めていた、どれもわかりやすい素材です。つまり、あなたの「売り」であり、強みです。総合型選抜を料理にたとえながらお話をしています。これらのあなたの「売り」は、料理に安心して使うことのできる素材です。みなさんが思い浮かべる素材はこのようなものが多いかもしれません。

しかし、このような実績や経験だけが素材ではありません。どういうことか？「年の離れた幼い弟や妹を、毎日保育園までお迎えに行っていた」こと。また、『これっておかしくない？』と心の中で思っていた」ことなど、それをしていた、または思っていたことも、実は立派な「売り」であり強みです。

本人は無自覚かもしれませんが、**他人からは、その人の魅力やユニークさとして映ります**。他人の目線で確かめて初めて、その価値がわかることもあるのです。

そのために一番手っ取り早いのは対話です。できれば、日常的に自分が接している人とは違う人に、自分の考えをぶつけてみましょう。

そうしてみると、自分では大したことがないと思っていたことが意外に高く評価されたりします。難しい場合、まずは両親や先生、友人、先輩たちにぶつけてみるといいでしょう。

あなたの経験すべてが「素材」

「文部科学省後援○○社主催○○コンクール」など、公の機関が認めている、わかりやすいタイトルがついている、などの「ラベル」がついていないと、使える材料とは思えない気持ちがどこかにあるかもしれません。しかし、その気持ちにはしばらくフタをしておくことにしましょう。

目の前にある材料、自分の中にある材料こそが活かすべき材料なのです。たとえば次のようなことは材料になり得ます。

- 自分の失敗体験
- 自分の習慣
- 社会に対する問題意識
- 自分の過ごしてきた環境
- 自分の逆境（病気の経験、不登校の経験など）

ていねいに、ていねいに、自分の中にある材料の活かし方を考えて、懸命に伝えたい想いを探して、ストーリーに仕立てましょう。

大切なことなのでもう一度言います。みなさんがこれまでしてきたこと、考えてきたことすべてが、「売り」になるのです。

あせらずにいったん立ち止まって、自分の冷蔵庫の中にある材料に目を凝らしてみましょう。

15 自分を知り、相手を知る

次は、「売り」や強みを組み合わせてどのようなストーリーを作るか？　つまり、相手の口に合う料理をどうやって作るか？　アイデアを練ることにしましょう。

おもてなし

だれかに想いを届けるときに大切なのは、おもてなしの気持ちです。会場までの行き方、テーブルの雰囲気、料理のテイスト、プレゼント……と、**ベストな選択を考える時間、相手を想像する時間**の中に、おもてなしの本当の価値があります。

では、以上のことを志望理由書に置き換えてみましょう。まず最初にすることは、おもてなしをする相手を知ることです。どのようにすれば相手を知ることができるでしょうか？　ここで言う「相手」とは、もちろん入りたい大学のことです。

まずは、大学のホームページを見ましょう。そして、オープンキャンパスに参加しましょう。ホームページやオープンキャンパスでは、**「大学・学部・学科からのメッセージ」を読み取る**ことができます。具体的には以下の6点です。

①大学の求める学生像
②出願しようとしている入試方法（つまり、総合型選抜）を大学が始めた意図や主旨
③大学の「アドミッションポリシー」
④その学部が創設された背景や目的
⑤教える先生たちの関心や専門分野
⑥行われる授業

「相手」のことを知ることができたら、次にすることは自分と重なる部分を考えます。本当のおもてなしをしたい場合、実は、大学のことを知るだけでは不十分です。それだけでは、その大学の表面的な部分しか捉えられないからです。

読むだけ、知るだけではなく、その奥に、自分と重なる部分を自分なりに想像することが大切です。その重なりがあるからこそ、心を込めた、相手の口に合う料理を作ることができるのです。「重なり」の探し方は、改めてくわしく説明しますね。

ここで一つだけ注意してほしいことがあります。**相手に合わせすぎてはいけません。**つまり、大学に自分を寄せすぎてしまうと、途端にあなたの気持ちにブレが出ます。結果、自分は本当にその大学に行きたいのかどうか？　あやしくなってくるでしょう。

そして、**独りよがりになってもいけません。**独りよがりな人は、自分のことだけを話すという特徴があります。つまり、相手のことをまったく考えていないわけです。

あくまでメインは自分。相手に寄せすぎてもダメ。自分のことだけに注力してもダメ。バランスを保ちたいところです。

感覚や直感が大切

「重なり」の探し方についてお話しします。まず大学からのさまざまなメッセージを受け取ったとき、感覚的、または直感的に**「好き」か？「嫌い」か？**に分けてみましょう。「このへんが好き」「このへんが嫌い」など、具体的に言えればなおＯＫ。

そして、どちらの気持ちであったとしても、「その理由」をつけ加えます。

「○○な感じが好き」「○○な感じが嫌い」と自分なりに説明をします。「好き」の部分が、大学と自分の重なりです。このように、**自分の考えや価値観に照らし合わせることで、入りたい大学と自分の重なりを探す**のです。

「わからない……」と思っても流してはいけない

大学からのメッセージが聞き慣れない言葉で表現されている場合があります。重なりを探す作業でやってはいけないのは、これらのメッセージを「あ、そうですか」と流してしまうことです。理由は簡単です。流す＝理解できていない＝相手を知ろうとしていないからです。これでは、重なりを探すことはできません。

たとえば、慶應義塾大学法学部の入学者の受け入れに関する方針（アドミッションポリシー）には次のように書かれています。

> **法学部では、慶應義塾の建学の精神を理解し、国際的な視野に立ちつつ、新しい社会を創造し先導する気概を持つ学生を求めている。入学する学生には、法学部の教育目標（カリキュラムポリシー）をよく理解し、そのカリキュラムの下で**

学習するために必要な学力、能力、そして意欲を有していることが求められる。（中略）一定の知識水準を有し、その上で知的好奇心に溢れ、かつ個性豊かな学生を選考することである。

さらっと読んだだけでは、「そりゃそうだろ」と思うだけかもしれません。相手の発する考えを理解することが「重なり」を探す出発地点です。読んだメッセージをそのままにして、流してはいけません。**自分の知っている言葉で言い換えられるかどうか**を必ず確かめましょう。

言い換えることができれば、理解できています。しかし、言い換えられない場合は、おそらく、理解できていません。つまり、大学からのメッセージを正確に把握できていないということになります。言い換えられない場合は、言い換えできるまで考えましょう。この作業が、重なりの部分をより多く見つけることにつながるのです。

大学の先生の専門分野と重ねてみる

大学からのメッセージは、**自分の考えをよりハッキリさせるヒント**になります。

たとえば、自分は「何となくこんなことに関心がありそう」と、ぼんやりと思っているとしましょう。

一方で、大学の先生はそれぞれ専門分野があるので、関心は明確です。それだけに、**自分の関心に近そうな大学の先生の専門分野を見る**と、「自分の関心をもっと掘り下げると、こんな分野になるのか！」「自分の関心に近いのはこの分野だから、関連する内容を調べてみよう！」と自分への理解が進むのです。

他にも、大学からのメッセージはたくさんありますが、同じようにしてみると、自分がおぼろげながら思っていること、潜在的に感じていることをハッキリと具体化することにつながります。これも、大切な重ねる作業の一つです。

相手を知り、自分を知り、相手と自分を照らし合わせながら、重なりの数を増やす。この作業を通じて、志望する大学と自分との重なりの濃い部分を見つけていくのです。

そして、大学からのメッセージと自分の重なりが見つかったら、その中から自分が伝えたい切り口を定めていくのです。

図5　自分を知り、相手を知る

・先生方の専門分野や授業の内容 etc.
2. 自分の価値観や考え方と照らし合わせる
3.「重なり」から伝えたい切り口を考える

16 自分ならではのテーマ

他のだれでもない、自分が選ばれるために必要なのは差別化です。その差別化をする上で重要なのがテーマ設定です。

でも、テーマって何でしょうか?

大学に入るということは、何らかの研究をする人になることを意味します。具体的に言うと、研究をする人になるというのは、「まだ答えのわからない問い」の答えを探す人になることです。答えを探す人になるということは、自分が答えを知りたい「問い」を持たなければいけません。

どんなことでもテーマになり得る

研究のテーマと言われると、ノーベル賞や世紀の大発見などをイメージするかもしれません。そこまでいかなくても、まだだれも考えていないスゴイことを研究しなくてはいけない、と身構えてしまう人もいるでしょう。

もちろん、そういう側面もあります。しかし、実際は**そのようなスゴイことである必要はまったくありません**。実際、結果的に世紀の大発見をした人も、最初からそれをテーマにしていたわけではないケースがほとんどです。地道に小さなテーマを解決していくうちに、たどりついたのです。

「開発途上国で貧困に苦しむ人が気になってしまう」「高齢者が社会の中で孤立してしまっているのをほうっておけない」など、今までもいろいろな人が考えてきたテーマです。テーマそのものは、すでにだれかが考え、それを解決すべく行動しているかもしれません。大切なのは、**そのテーマを選んだ理由**です。

ありきたりなテーマを、選んだ理由もなしに語る。言うまでもなく、他の受験生と差別化できるわけがありません。**自分がそのテーマを扱う必然性を提示**しなくてはいけません。

たとえば、実現したい世界はどのようなものか？　どのような社会を作りたいのか？　そして理想を実現するためには何を考えたらいいのか？　そのためには何を学んだらいいのか？　これらの視点から考えると、テーマはハッキリしていきます。

いきなり理想から出発する必要はありません。無理やり「それっぽい」テーマを設定するより、**日常の過ごし方をていねいに振り返る**ことが大切です。その中で感じた「これって変じゃない？」「何でいつまでもこのままなの？」「自分だったらこうするのに！」などといった違和感や問題意識を候補にして考えることもできます。

たとえば、毎日通学で使っている電車で、自分よりも後に乗ってきたのに、たまたま立った場所がよかったことで、自分よりも先に席に座ってしまう人がいる、という日常の「違和感」を志望理由につなげて慶應義塾大学に合格した人もいます。

何を気にして生きているか？

そのためには、自分の1日、1学期、1年の生活をていねいに書き出してみることから始めましょう。よく「今日は何もない1日だった」という人がいますが、1日の中でも、朝起きてから夜寝るまで、みなさんは驚くほど多くのことをしているはずです。

朝、目覚めてまず何をしたのか、だれに最初におはようを言ったのか、通学路の途中で何を見たのか、授業を受けていて一番びっくりしたことは何か、友達との会話の中でうれしかったことは何か、イラっとしたことは何か、お弁当でおいしかったものは何かなどなど、書き出していったら本当にたくさんのできごとがあったはずです。そこまで細かくやらなくても、1日の時間の過ごし方を書き出すだけでも新たな発見があるはずです。

1日中勉強していたつもりだったけれど、実はスマホを触っている時間の方が長かったなどということにも気づくかもしれません。ていねいに見ていくと、行動同士に共通点があったり、話している内容に傾向があったりします。バラバラに見える事柄の中に、ひっそりと**「実は気にしていること」**が潜んでいるのです。

パッと思いついたことがそのままテーマになるとは限りません。見えている事柄一つだけで考えるのではなく、いくつかの事柄をじっと観察し、結びつけているものを探ってみましょう。

過ぎたるはなお及ばざるがごとし

多くの受験生は、「社会の問題を解決しないと！」と、力を入れすぎてしまうパターンに陥りがちです。

考えすぎたり、力みすぎると、結果的にありきたりな内容になることが多いです。

やはり、**自分が関わりたいことを探して、自分のこれまでを振り返りましょう**。先に触れた「通学時間の中での違和感」から考えを広げていった受験生の例もそうですが、自分の日常の中でヒントを探していくことが大切です。

また、志望理由書を作っていく中で迷ったり考えに詰まったりしたときも、その困難から逃げずに踏ん張って考え続ける力にもつながります。

そして、読んでいる人も書いている人のやる気に触れることができて、共感しやすくなります。

最初が自然だと、結果として差別化された志望理由書に仕上がっていくのです。

17 実現したい世界

志望理由書には、学んだ先にどのような世界を作るのか？　その世界のどのような部分を自分は担《にな》うのか？　を書きましょう。

大学側の本音を言います。入学してほしいのは「あの人、うちの卒業生なんだよ」と、大学を卒業した後に自慢できる学生です。言い換えると、**大学の価値を上げてくれる学生**です。そのためで、志望理由書の中で実現したい世界を示すと、将来、社会にどんな貢献をする人なのか？　どんな活躍をする人なのか？　を大学の先生はイメージしやすくなるのです。

「5W1H」を変えながら考える

「○○学を学びたい」と提示するのも、もちろん悪くありません。ただし、学ぶことそのものはだれでもできます。ですから、その学問を**学ぶ必要性をどこに感じている**

のかを提示して初めて、学ぶ意欲を伝えることができます。

そして、学んだ先に何が待っているのか？　学んだことをどのように活かすのか？を伝えることで説得力が増すのです。

また、**実現したい世界を示す**と、社会への問題意識を伝えることにもつながります。もし思い浮かばなかったら「やっつけたいこと」「もっとこうだったらいいのにな」から考え始めてください。

見たことがあること、聞いたことがあること、実際に経験したことなど身の回りのことから始めて、同じ視点で今度は社会を見渡してみます。そして、少しずつ実現したい世界を描いていきます。

具体的にはこんな風に考えます。

ある視点を見つけます。その段階では、その視点はあなたの視点に過ぎません。次に、小さな赤ちゃんや保育園に通う子どもだったら？　おじいちゃん、おばあちゃんだったら？　と**視点をスライド**させます。年齢の違う人、環境の違う人、考え方の違う人のように、視点を、つまり、「だれが」を変えます。

また、住んでいる地域ではどうか？　都心ではどうか？　郊外ではどうか？　海外のこの国ではどうか？　と場所を変えます。

現代だとどうか？　江戸時代だとどうか？　30年先だとどうか？　と時代や時間を変えることもできます。

このように、「5W1H」を変えることで視点が広がります。つまり、**あなた個人の視点から、社会全体、世界全体の視点に変化**します。さまざまに視点を変えた上で、改めて実現したい世界に立ち返りましょう。あなただけの視点で語る世界と、さまざまな角度から見た視点で語る世界、どちらに説得力があるか、言うまでもないでしょう。

◎言うは易く行うは難し

実は、実現したい世界を考える作業と、研究テーマを定める作業はセットです。どういうことか？　実現したい世界の話だけをしている人を見ると、ツッコミたくなりませんか？　「どうやって実現するの？」と。

まずは実現するために必要になることを具体的に考えます。たとえば、

- 能力、知識、考え方
- 協力をしてもらう組織
- すでに一定の効果を発揮している組織での活動

といったことです。これらを考えつつ研究テーマまで触れられると、実現性の説得力が増します。

たとえば、貧困問題を解決したい、と掲げるだけだと漠然としてしまいます。しかし、ＮＧＯに参加して現地でインフラ整備を手伝いたい、国連の機関に入って諸外国からの援助体制を整えたいなど、具体的に話すと、実現の方法が見えやすくなります。

さらに、その中でも追究したいテーマとして、先進国による開発援助のあり方、といったことを示すことができれば、実現したいことのイメージがより一層湧きやすくなるのです。

小さな一歩でも
世界を変えることにつながる

「まだ見ぬだれかがあなたを待っている」
という視点を持つことも大切です。あなたの「実現したい世界」が実現したときに救われる人がいて、その人があなたの活躍を待っているという意味です。その人にあなたはまだ会ってはいないし、会うとも限りません。しかし、未来からあなたの活躍が期待されていると考えるのです。

「自分なんか別に世界を変えるほどではない」
と思う側面があると、力を出し切れないことがあります。しかし、実現したい世界を考えることは自由だし、だれにもジャマされることではありません。そして、「だれかの考えたちょっといいこと」で社会は少しずつよくなっています。

地味な、小さな改善が集まって社会は少しずつでもよくなっているのです。せっかく、志望理由書を書こうと思っているならば「まだ見ぬだれかがあなたを待っている」という視点を持って、どうしたら理想に近づくのかを考えてみましょう。

素朴な言葉で、飾らない言葉で、不完全でもいいので社会や世界の理想を、実現したい世界を、描いていきましょう。

18 ストーリーを組み立てる

手元に素材がそろったら、どんなメニューができるかを考えてみましょう。

冷蔵庫の中にじゃがいもと玉ねぎとにんじんがあったとして、「カレー」も「シチュー」も「肉じゃが」も作れますよね。

この料理のたとえを以下のようにあてはめてみます。

たとえば、長期間海外に住んだ後、日本でアイドルグループをひたすら追いかけていた経験があるとします。

この経験から、「アイドルが盛り上がる日本文化の根底には、いったい何があるのかを明らかにしたい」という目標と結びつけることもできます。

「海外にアイドル文化をどうやって広めることができるのかを考えたい」という学びにもつなげることもできます。

将来にどのように結びつけるかには、いろいろな組み合わせ方があり得ます。似たような素材を使っても、作るメニューによってレシピがまったく違うものになるように、**経験や考えをこれからの学びにどのようにつなげるか**によって、志望理由書のストーリーもまったく異なるものになります。

では、経験や考えを、どのように今後の学びにつなげていけばいいのでしょうか。

二つの視点で考える

まず、手元にある材料を、次の2種類の視点で考えます。

①社会全体に存在する問題の核心に迫るような、俯瞰《ふかん》した視点や抽象的な視点
②自分の半径5メートル以内で起きたような、日常的な視点や具体的な視点

ちょっと難しいかもしれないので、言い換えます。

①は**「世の中の問題の中で気になることと、自分の経験が結びつかないか？」**という視点で考えることです。

②は**「そんな大それた問題じゃなくても、毎日過ごしている中で感じた違和感や気**

づきが社会の問題に通じるところがないか？」という視点で考えることです。

この両方の視点を行ったり来たりして、何通りもストーリーを考えます。そして、一番自分にとって納得感のあるものを選び出すのです。

もっと住みやすい世の中にするために

①の視点から考えるのは、すでにボランティアや社会問題と向き合うような課外活動を積み重ねてきた人です。

また、留学して日本を外側から見る経験をした人にとっても、アプローチしやすいでしょう。

活動を行う中で感じた「難しさ」がなぜ起こっているのか、**どうしたらもっとよくなるのか、という疑問をそのままテーマにします**。そのテーマでストーリーを組み立てるのです。

たとえば、「ＬＧＢＴＱ」と呼ばれる性的マイノリティの人たちがより生きやすい社会にしよう、という活動に取り組んできた場合はどうでしょうか。

社会の理解が進んだとしても、当事者はなかなかそれを周りに打ち明けられないという苦悩を知ったはずです。その苦悩の原因はどこにあるのか、その原因を解消するために何を学ばなければならないのか、そのために大学の環境をどのように使えばいいと思うのか、と考えていけば一つのストーリーになります。

ですが、多くの高校生は「そんな大それた経験ないよ」と思うかもしれません。でも、それが「普通」です。そのような人にとって突破口になるのが、②の視点から考える方法です。

日常からヒントを得る

②の視点は、多くの人にとって考えやすいと思います。

スポーツや習い事をずっと続けている人であれば、その活動を**細かく振り返ってみることで、ヒントが見つかる**こともよくあります。

たとえば、もともと体が弱く、運動神経がずば抜けて悪かったのを心配した保護者に、すすめられるままに武道を始め、ずっと続けていた少年がいました。

彼はいつの間にか人並み以上に運動ができるようになっていました。その経験から、毎日やっているその武道特有の準備運動が、身体のポテンシャルを引き出しているのでは、という仮説を持つようになりました。それが解明できればいろいろな人の運動機能を改善できるのではないかとも考えて、大学での学びに結びつけました。

また、先に毎日の通学風景を志望理由につなげた受験生の例を挙げましたが、打ち込んでいると言えるものがなかったとしても、**日常の中にヒントは転がっています。**

たとえば、毎日通る道の途中に、飲食店が入ってはつぶれ、また入ってはつぶれ、と、飲食店が頻繁に入れ替わっていた場所（物件）があるとします。

しかし、次に入ったのは飲食店ではなく、整形外科でした。なんと、整形外科はそこから何年も続いています。整形外科に入っていく人を見ると、ほとんどが高齢者。飲食店はダメなのに、整形外科は大丈夫。実は、世の中の動きと連動しているのかもしれない。ここから、超高齢社会を迎える中、日本には今何が求められるんだろう、そのためには何を学べばいいんだろう、と考えを広げることができるかもしれません。

あるいは、音楽を聴くのが大好きで、メジャーな音楽はほぼ知っているはずなのに、自分の知らない音楽を聴いている友達が結構たくさんいることに気づきます。

現代社会の流行はどのように作られるのか、それをわかるためには何を学ぶ必要があるのか、のように考えを広げることもできるでしょう。


ただし、注意したいのは、いきなり「経験をこうつなげればいいんだ!」とひらめくわけではない、ということです。

自分の経験や気づきは、社会にとって意味がないだろうか、社会で問題とされることの中で、自分の経験や気づきが意味を持つことはないだろうか、を行ったり来たりしてテーマを選びます。つまり、**自分の経験と「向き合う」時間が少しだけ必要**です。

そのテーマと大学での学びを結びつけることで、だんだんと自分の納得のいくストーリーができ上がっていきます。


自分の材料の使い道を、あの手この手で考えましょう。

19 推敲

いったん書き上げたらおしまい、ではありません。「もっといい表現はないか」「この書き方でいいのか」と出願のギリギリまで考えましょう。つまり、推敲《すいこう》です。

志望理由書を書く目的を思い出してください。総合型選抜は、

「一度も会ったことのない知らない大人に、限られた時間と字数の中で、自分の魅力や考えを最大限に理解してもらうゲーム」

でしたね。

だから、志望理由書上で、一人でも多くの先生に自分の考えを理解してもらえる方法を考えましょう。

具体的にはどんなことをすればいいのでしょうか？

カタカナ用語はできるだけ避けよう

カタカナ用語を使うときは注意しましょう。なぜか？　よく見る文章の一部を紹介します。

「私が培《つちか》ってきたコミュニケーション能力を活かし……」

「リーダーシップを発揮して、部活動では……」

意味はわかります。しかし、どうしてもモヤモヤしている印象があります。コミュニケーションも、リーダーシップも、その言葉の意味するところが広いことが原因です。おそらく、あなたが言いたいコミュニケーション能力と、大学の先生が思っているコミュニケーション能力は別物の可能性が高いです。その場合、話がかみ合わず、合格が難しくなります。

コミュニケーションにしろ、リーダーシップにしろ、このような抽象的な表現は、**自分が理解している言葉に置き換えましょう**。その方が確実に伝わります。この点は、志望理由書を書くときだけの留意点ではありません。面接試験でもとても大切なポイントになります。第3章でくわしく触れますね。

自分の興味関心がある分野を調べていくと、その分野を専門とする大学の先生が、カタカナの専門用語を使っている場合があります。そうなると、自分も使った方が文章の格が上がるような気がします。

実際に使って志望理由書を書いてみます。読んだ人はどんな印象を持つでしょうか？　その部分だけ力んで、浮いて見えます。つまり、不自然な印象を残します。原因は、**自分が理解していない言葉を使った**からです。

使い慣れてない言葉は、突然入れると不自然な印象を与えます。そして何より、意味を間違えて使う場合があります。「なんだこの学生、まったく理解していないじゃないか」と思われると、かなりマイナスの印象になってしまいます。

ですから、自分の**知っている言葉を使いましょう**。その方が、結果的に文章全体の統一感が出ます。

◎同じ意味の言葉は、同じ言葉で書く

文章を書くとき、何日かに分けて、パートごとに書くことがあるでしょう。それ自体は問題ありません。その際、注意したいのは、言葉を厳密に使う意識を持つことです。どういうことか？　受験生がやりがちなパターンとして、同じ意味なのに、「ちょっと違う言葉」で書いてしまっていることがあります。

たとえば、同じ活動を説明しているのに、あるところでは「校外活動」と書いていて、別のところで「課外活動」と書いていたら、読む先生は「別の活動の説明をされているのかな」と迷ってしまうかもしれません。

同じことを説明しているのであれば、同じ言葉を使いましょう。読む先生はストレスなく読めます（出版用語では、表現の「ユレ（揺れ）」と言います。同じ意味の言葉が違う表現で書かれている、つまり、表現が統一されておらず揺れている、という意味です）。

気をつけたいのは、**多くの人が知っている定義がある言葉**です。不用意に別の表現を使ってしまうと、印象が大きく変わってしまうこともあります。

たとえば、「高齢化社会」と「高齢社会」は、字面は似ていますが、実は国連によって明確に定義されています。

「高齢化社会」が総人口に占める65歳以上の人数の比率が7%を超えた社会を意味します。一方、「高齢社会」はそれが14%を超えた社会を意味します。

言葉を厳密に扱わないと、それを専門とする大学の先生には、「あ、勉強してないな」と見切られてしまう可能性があるのです。

魂は細部に宿る

これは精神論ではありません。

限られた紙で自分の考えを、一人でも多くの先生に、より正確に伝えるためには、最後は、**「句読点」や「てにをは」のレベルまでの「こだわり」が必要**です。

「貴学『への』入学を志望する」と書いた方がいいのか？　あるいは「貴学で学びたい」と書くのか？　黙読するだけではなく、音読することも効果的です。声に出すことで、伝わりやすいかどうかがわかります。

書いた表現の細部まで意識を張り巡らせましょう。自分の気持ちを一番正確になぞる言葉にこだわることが、合格を引き寄せるのです。

◎「親切設計」を心がける

志望理由書はもちろん、それ以外の書類も、受け取った先生に、あなたが伝えたいことを、そのままの形、そのままの大きさで受け取ってもらえるようにするためには、「読み手にいかに親切か」を考えましょう。

たとえば、志望理由書の他に、活動の証明となる資料の提出を求められることがあります。サッカーのトーナメント表やスタメン表をそのまま出しても、正直、それを受け取った先生は困るでしょう。どこを見ればいいのかわかりません。

この場合、自分のチームや自分の名前が書かれている箇所を蛍光ペンでマーキングするなど、見てほしい場所をハッキリさせます。先生は情報を探す手間が減りますね。読み手に親切、ということです。

また、資料が複数ページにまたがる場合は、その資料にページ番号を入れましょう。資料全体の中のどこを見ているのかが、わかりやすくなります。

選考する先生たちも人間です。何人もの書類を一日に何十通も読むときに、**「読みやすい書類」と「読みにくい書類」のどちらに好印象を持つか**は明らかでしょう。

一人でも多くの先生が、「あの子ではなく、私」と思ってくれるために、できることを探しましょう。

図6 第2章のまとめ

志望理由書の書き方

材料の洗い出し

- 経験をすべて洗い出してみる
- 自分の売りを考える

↓

大学のことも知る

- 大学のHPを確認
- オープンキャンパスに参加
- 自分と重なる部分を探す

↓

テーマとストーリー

- 自分ならではのテーマを探す
- 実現したい世界を考える
- テーマと大学での学びをつなげる

↓

推敲

- 自分が理解できる言葉を使う
- 「てにをは」にまでこだわる
- 親切設計を心掛ける

第3章

面接に備える

面接は自分の世界観を直接大学の先生方に伝えられるとても貴重な機会です。しっかり準備しておくことはとても大事ですが、「想定問答集」を用意しておくことはあまり効果的ではありません。「面接は自分の想定通りには進まない」くらいに考え、限られた時間で大学の先生とわかり合えるように、出願書類に書き切れなかったことを伝える準備をしましょう。

20 面接は「お互いがわかり合う時間」

みなさんの面接のイメージはどのようなものでしょうか？


「志望理由を教えてください」

「高校時代に力を入れたことを教えてください」

「尊敬する人はだれですか？」

「最近気になったニュースはありますか？」


このようなことを質問される「お行儀のよい時間」、つまり、改まった堅苦しい時間をイメージしていませんか？　でも実際は、違います。具体的に見てみましょう。

面接は想定通りに進まない

とても表情が固い受験生が目の前に座っていると、

「緊張しているみたいだね。ちょっと体操でもしようか。あ、いい表情になってきたね。じゃあ、まず簡単に志望理由を教えてくれる？」

こんな砕けた言葉で話しかけてくる先生も少なくありません。このような先生に、以下のように返すとどうなるでしょうか？

「自分の学びたいことを一番自由に学べると思ったからです」

すると、先生はこんな返しをしてきます。

「なるほどね、でも自由が欲しいんだったら大学に行かなければもっと自由だと思うんだけど、そこはどう思ってる？」

さあ、あなただったらどう返しますか？

このような場面が実際にある面接の時間は、あらかじめ決まった質問を投げかけて、その答えを聞く「一問一答」を重ねる「出来レース」のような時間ではありません。返した答えに「二の矢」「三の矢」が飛んでくる、いわば**コミュニケーションの時間**なのです。

◎「言葉」はあくまで手段の一部

では、コミュニケーションって何でしょうか？

多くの人は、相手と話すこと、というイメージを持っていると思います。それは決して間違いではありません。間違いではないのですが、正解でもありません。

結論から言います。コミュニケーションとは、**「お互いがわかり合う」**ことです。

ここで覚えておきたいとても大切なことは、人は「言葉」だけでコミュニケーションしているわけではない、ということです。これはみなさんも経験があるのでおわかりだと思います。本気で相手と向き合っているとき、**「身振り・手振り」「表情」「目線」**

「声色」と、全身を使って気持ちを伝え合い、わかり合おうとします。つまり、「言葉」はコミュニケーションの一つの手段に過ぎないのです。

五感で感じ、全身で伝える

ですから、コミュニケーションの時間である面接は、自分のことをわかってもらう時間ということになります。では、どうすればわかってもらえるでしょうか？

本当にうれしいとき、悲しいとき、その気持ちを言葉だけで、だれかと分かち合えるでしょうか？　たとえば、一緒にがんばってきたチームメイト。1年間友達と遊びたいのをガマンして、全国大会をめざしてサッカーの練習に打ち込んできたのに、本番直前にケガで試合に出られなくなった。そんなチームメイトに、どんな言葉をかけたとしても、ケガをした本人には空しく聞こえてしまうかもしれない。そんなときには、背中を軽くたたいて、黙ってその場を去った方が気持ちは伝わるかもしれません。

何が言いたいか？　「わかり合う」ためには、言葉尻だけではなく、**相手のメッセー**

ジをちゃんと理解して、自分の伝えたいことを、自分の操れる言葉で、全力で伝えなければなりません。面接における「相手のメッセージ」は「相手の質問の意図」です。

たとえば、「最後に言い足りないことはありますか?」という質問は、文字通り「話せていないことがあれば聞かせて」という意図もありますが、「そろそろ終わりだよ」という意図でもあります。そこでここぞとばかりに長々と持論を展開してしまうと、「コミュニケーション能力が足りない人だな」と感じられてしまいます。だから、「志望理由を聞かせてください」という質問に対しても、暗記してきた志望理由を機械のように吐き出しても、あなたの気持ちは面接官に伝わりません。台本のセリフのように、「あなたを心から応援しているよ」と言っても伝わらないのと同じです。

総合型選抜は、「一度も会ったことのない知らない大人に、限られた時間と字数の中で、自分の魅力や考えを最大限に理解してもらうゲーム」です。ゆえに面接でも、この限られた時間を濃く使おうとしなければなりません。

だからこそ面接では、「何としてでもわかってもらう」という強い気持ちを持って、五感で感じ、全身で伝えるのです。

21 「操れる言葉」で語れ

「自分の操れる言葉だけを使おう」

洋々では、受験生にいつもこう伝えています。

では、改めて質問します。自分の「操れる言葉」って、どんな言葉でしょうか？

第2章の志望理由書の書き方でもお話しした「カタカナ用語を避けよう」の内容も関係するので思い出してみてください。

知っていることは説明できる

答えは、「何通りも言い換えができる言葉」です。

インスタグラム（以下、インスタ）を毎日見ている人だったら、インスタでできることをくわしく説明できます。たとえ、相手が幼児でも、お年寄りでも説明できる自信があるのではないでしょうか？　幼児には幼児がわかるように、お年寄りにはお年寄りがわかるように、**違う言葉で説明できる**でしょう。

なぜ、そのようなことが可能なのでしょうか？　相手が知っていそうなことを想像して、インスタの機能と、相手が知っていることを結びつけながら説明ができるのです。つまり、インスタの機能を熟知しているので、いろいろな角度から、何通りもの説明ができるのです。

言葉も同じです。ちゃんと自分なりに理解できていれば、その言葉は他の言葉に言い換えることができます。これが「操れる言葉」です。面接は、そのような「操れる言葉」だけを使って語るのです。

◎「書き言葉」で話しても伝わらない

ですが多くの受験生は、「操れない言葉」を多用します。

「急速にグローバル化が進んだ現代社会において、多様な価値観を尊重することでさまざまな文化的背景を持つ人と協働し、社会に存在する課題を解決する力を育めると

考え、私は貴学を志望しました」

このように、大学のホームページや募集要項、パンフレットにある言葉をそのまま面接用の志望理由に盛り込んで、丸暗記したことを話したりする人がいます。

大学のホームページに載っている言葉を多用しても、大学の先生はおそらく評価しません。相手の言葉、つまり自分では**「操れない言葉」を使っているから**です。

また、この志望理由の説明は、「書き言葉」のまま話してしまっています。

ふだん私たちが会話をするときは、耳で聞いて理解できる「話し言葉」を使います。目で読んで理解するための「書き言葉」のまま話すと、**聞いている人はついていけなくなります**。これも、面接で自分では「操れない言葉」を使ってはいけない理由です。

第2章でもお話しした通り、志望理由書も自分の操れる言葉で書かないと、読む人は理解できません。面接はそれ以上に操れる言葉で話さないと、わかり合うことはほぼ不可能です。自分自身でも何を言っているのか、わかっていないのですから。

自分の頭で考えて、自分の操れる言葉だけを使って、語りましょう。

22

想定問答集不要論

マジメな受験生ほどやってしまうことがあります。それは、想定問答集を作ることです。そのため、洋々の受験生には、以下のこともよく話しています。

「想定問答集なんて作らなくていい」

想定することは、それ自体悪いことではなく、むしろいいことです。ではなぜ作らなくていい、と言えるのでしょうか？

面接はフリースタイル

以前、想定質問を１００個くらい考えて、その答えをバッキバキに暗記して面接に備えている受験生がいました。このような受験生は、想定していた質問には、完璧に答えます。しかし、意外な「もろさ」があります。それは、**想定しなかった質問をされたとき**です。

そもそも面接は「何を聞かれても文句を言えないゲーム」です。型はありません。どんな質問でもありのフリースタイルです。つまり、すべての質問を予測することはそもそも不可能なのです。

どれだけ準備していても、**準備していない質問をされる可能性はほぼ１００％**です。ですから、想定問答集を作れば作るほど、「想定していない質問をされる可能性」を忘れ、想定外への「耐性」がなくなってしまうのです。

想定問答集を作っている受験生は、**面接で想定外の質問が来ると、急に怖くなります**。準備していない質問には答えられないからです。

大学の先生は普通の質問をしているのに、受験生は「圧迫面接」と感じてしまう状況に陥ることさえあるのです。

最初の質問を100％当てることができるでしょうか？　たとえ当たったとしても、二つ目、三つ目と続けて想定問答集通りに進みますか？　そんなことはほぼありません。なぜなら、**二つ目以降の質問は、面接官がその場で感じた疑問や知りたいことを質問としてぶつけてきます**。ですから、事前に質問を想定すればするほど「想定外」が増えてしまうのです。

覚えたこと以外話せなくなる

デメリットはまだあります。それは、想定した質問とは違う言葉で質問される可能性があることです。

「自己紹介をしてください」
「自己アピールをしてください」
「あなたの売りは何ですか？」

この三つの質問の内容は、ほぼ同じです。

「自己紹介」だけが少し違うと感じるかもしれませんが、面接官に自分のわかってほしいことをわかってもらうのが面接の大きな目的です。わざわざ弱みや欠点を言う必要はありません。むしろ**初対面の人にまず知ってもらいたいのは「自分のいい点」**のはずです。ですから、強み、持ち味、がんばってきたこと、といった自分がアピールしたい点を織り交ぜて自分を印象づける説明をすれば、この質問には答えることができます。

ですが、一問一答形式で、質問とその回答を対応させすぎて覚えてしまうと、その通りの言葉で質問されないと、その答えを繰り出せなくなってしまうのです。実際、「自己PR」は一生懸命考えていたのに、本番で「自己〝アピール〟をしてください」というほんの少し言葉が違う質問をされただけで、反応できなかった人がいます。

大学の先生は受験生の考えていることが知りたい

想定問答集の落とし穴は他にもあります。それは、多くの受験生が、質問への答えを「書き言葉」で準備している、という点です。

前項でお話しした通り、書き言葉のまま話しても聞いている人は理解できません。

ではどんな準備をすればいいのでしょうか？

それは、書類を準備するときに考えた「志望理由の骨格」を説明できるようにしておくことです。

どんな世界を実現したいのか？　その他にどんなことを研究したいのか？　大学のどのメニューがその役に立つと考えたのか？　といった、**自分が考えていることの一番深い、「コア（核）」の部分について、操れる言葉で話せるようにしておく**ことです。

◎面接に正解はない

面接は口頭試問ではありません。

口頭試問は、「源頼朝が征夷大将軍に任命されたのは何年ですか？」「東インド会社ができたのはいつですか？」といったように、「正解」を言えるかを確かめる試験です。口頭試問は、「ペーパーテストの対話版」ですから、「正解」があります。しかし面接は、面接官である大学の先生が、**初めて会うみなさんがどんな人で、どんなことを考えているのかを確かめる時間**です。つまり、「正解」はありません。

受験生は、小学校、中学校、高校と、授業や試験などで学校の先生が求める正解を答えることが大切であると、「刷り込まれて」きたかもしれません。しかし、総合型選抜は、そのような授業や試験とはまるっきり性質が違います。「みんなに共通する正解」があるものではありません。まずは、この点を理解する必要があります。

想定問答集を作りたがる人は、この点への理解が不足していることがほとんどです。「正解」があると思っているので、想定問答集を作ります。もっと言うと、「勝手に」試験範囲を設定してしまっているのです。そのため、自分の想定していた試験範囲外の質問には答えられないのです。まずは、自分の中の面接の定義を切り替えましょう。

だからもう一度言います。

想定問答集なんか作らなくていいのです！

23 面接官が知りたいのは「まだ見えていないピース」

面接で15分話しても、出願書類の印象を超えられない人がいます。実は、原因はハッキリしています。それは、書いた文章と同じ言葉でしか話せないからです。

書類に書いてあることは完璧に覚えています。そして、そのことを話す気満々です。だから、ちょっと違う角度から質問を投げかけられても、書いた文章と同じ言葉でしか話さない。結果、どういうことが起きるか？　面接官である大学の先生は、このように思うでしょう。

「書いてあること以上のことがわからない」

つまり、**あなたという人が15分話してもまったく見えてこない**のです。おそらく、最終合格は難しいでしょう。

書類に書けるのはほんの一部分

では、書類選考を通過して二次選考に呼ばれる人はどんな人でしょうか？　それは、「書類から、これまでの体験や考察を踏まえて、どんな目的意識を持って大学での４年間を過ごそうと考えているのかという『世界観』が想像できる人」です。「世界観」については前述しましたね。その内容をふまえて、もう少し話しを深めます。

第２章の復習も兼ねて、改めて書類のお話しをしますね。多くの総合型選抜では、書類選考を経てから二次選考で面接が課されます。学校や学部によっては、２０００字の志望理由書の提出を課し、さらに追加でいくつも書類の提出を課す入試もあります。

第一印象は、「すごく多いな」と思うかもしれません。でも、少し考えてください。「これまでの20年近くの人生」「今の自分」「これから70〜80年にわたる未来の青写真」「大学４年間の過ごし方」を２０００字の中に収めなくてはいけません。

ですから、どんなに分量が多い書類でも、またそれがどんなによく書けていたとしても、その書類は**「『あなた』という100ピースのパズルの4~5ピースくらいしか見せられていない」**のです。

大学の先生たちはその4~5ピースだけを見て、あなたの「パズル全体の絵」を想像します。そして、「もしこの人がこんな絵を描こうとしているんだったら、この人に大学に入学してほしい」と思う人を面接に呼ぶのです。

自分で自分にツッコミを入れる

これをふまえた上で面接官の気持ちになってみましょう。面接で聞かれる質問も自ずと決まってきます。それは「見えていないピースには、どんな絵が描かれているんだろうか?」ということ。つまり、**書類では見えなかったみなさんの全容**です。

だから面接では、「見せられていないピース」を見せ、面接官が想像してくれている「世界観」の輪郭を、よりハッキリさせてあげましょう。

念のため、第2章でもお話しした「世界観」について思い出してみましょう。「世界観」は、第1章でお話しした「究極の問い」と関連しています。「あなたはなぜ今ここにいるのか?」という質問でしたね。そして、その問いをみなさんの過去・現在・未来と結びつける。この作業を経て言語化したものが自分の「世界観」です。具体的には以下の通りです。

過去 自分はどんな経験をしてきて
現在 どんなテーマを設定し
現在 なぜそのような問題意識を持ち
現在 その問題についてどのように考察し
未来 授業や研究会などの大学のカリキュラムをどのように使って
未来 自分がテーマに据えた問いの答えに近づこうと考えているのか

このように話すことで、面接官は具体的にイメージすることができるのです。

そのために必要な作業があります。それは、提出した書類の「アラ探し」です。言い換えると、自分で自分にツッコミを入れる作業です。すでに提出した書類と向き合うのは、実は結構しんどい時間です。出願前にどんなに見直したつもりの書類も、**時間をおいて冷静に見るといろいろ気づきます**。しかも提出してしまった後なのに、「こう書けばよかった」ということを思いついてしまうと、泣きたくなったりもします。

そうならないためにも、必ず見直しましょう。

◎面接は補足説明の時間

「不完全な書類を提出してしまった……絶対ダメだ……」

そんなことはありません。しつこいようですが、これも第2章の復習です。「完璧」な書類にはどんな危険性があったでしょうか?　そうです。「完璧」な書類を提出するとみなさんの考えていることや人となりがすべて伝わってしまうおそれがあるということでした。

「この子に会ってみたい」と思わせる書類。それは、不完全な書類です。面接は、その不完全な点について「補足説明させてもらえる時間」です。むしろ書類だけではわかってもらえなかったところも含めて、**直接話をして説明する機会をもらっているの**

です。だから不完全でOKなのです。提出した後は、アラ探しを徹底的にしましょう。徹底的に自分に突っ込みましょう。不完全ゆえの気づいたことをリストアップし、一つひとつ追加説明の方法を考えましょう。

アラ探ししていくうちに、どうしても説明しきれないことに気づいてしまったり、その後、新たな事実を知ったりしたら、どうしたらいいでしょうか？

その場合は、**「今正しい」と思うことを改めて説明すれば大丈夫**。それも含めて、「追加説明」ですから。

もちろん大きく変える場合は、「よく考えずにころころ変わる人」という印象を持たれないよう、変えた経緯もちゃんと説明しましょう。

また、出した書類に誤字や脱字があったらどうしたらいいでしょうか？　それは「小さなほくろ」と思ってください。つまり、気にしなくてもいいということです。どんな人でも、「完全無欠」はあり得ません。

だから徹底的に、提出した書類の「アラ探し」をしましょう。

24 「限られた時間」を濃い時間にするために

総合型選抜は「一度も会ったことのない知らない大人に、限られた時間と字数の中で、自分の魅力や考えを最大限に理解してもらうゲーム」です。

「わかり合う」という視点を持つことが一番大切です。しかし、それと同じぐらい大切なのが、「限られた時間で」それを行うことです。**制限時間内でわかり合うことができるかどうか？**　これが合格か不合格かの分かれ道です。

面接官の質問時間を奪ってはいけない

出願書類には、「制限字数」が明記されています。また、「フォーム」となる用紙が募集要項に付いています。ですから、指定された条件がわかりやすい。

一方、面接では、「制限時間」は忘れられがちです。まず、「面接の時間」が明記されていないことが多いです。ですから、制限時間を意識できません。また、提出した書類が手元にあるため、その内容を「正しく」説明することに意識が向きすぎてしまい、**「書類の内容を正確になぞることこそ正義」と思い込んでしまう**のです。そうなると、制限時間に意識がいくことはないでしょう。

「10分で面接をする」と伝えたにもかかわらず、「志望理由」や「自己ＰＲ」を延々と1分も2分も話す人がいます。長すぎます。面接官とやり取りする時間がなくなります。

また、「長く答えた方が、質問される回数が減る」と妙な防衛本能を発揮する人もいます。あえてこうした作戦を取る人さえいます。このような人は、「想定外の質問をされて答えられないよりはマシ」と考えているようなのです。ハッキリ言います。まったく逆です。**面接官は、みなさんに質問したくてウズウズしています。**みなさんがどんな人かを知りたいからです。

一方的に話すと、面接官の先生がまったく興味がないことを説明することになりかねません。10分の面接で、二つの質問に2分も話したら、単純計算すると面接官は五つしか質問できません。もっと聞きたいことがあったのに、質問をさせない作戦を取ることは、「わかり合う」ことを自分から放棄しているも同然なのです。結果はどうなるか？　想像に難くないでしょう。

言い切る勇気を持つ

みなさんにぜひ意識してほしいこと、それは「結論ファースト」です。

「結論ファースト」とは、**まず端的に質問に答える**ということです。当たり前のようで、これができない人が本当にたくさんいます。

確かに、「部長としての1年間を振り返って、自分はいいリーダーだったと思うか？」と単刀直入に聞かれて戸惑うのも無理はありません。そんな単純に白黒つけられるものではありません。うまくいったこともあれば、思うようにいかなかったこともあるからです。

また、みなさんの「誠実」さゆえに、100％言い切れないことを言い切ることへの抵抗もあるでしょう。そのため、長い前置きをしがちです。前置きが長くなるだけならまだしも、話しているうちに何を聞かれていたかわからなくなり、最後まで質問に答えずに、やり取りが終わってしまう人もいます。

「結論ファースト」を徹底するコツは「ポジションを取る」ことです。つまり、あいまいさを残さずにしっかり言い切ります。たとえそれが51対49くらいの微妙な差で、言い切っていいのか微妙だとしても、**51％にポジションを取って言い切る。その上で、補足の説明をします。**このようにすれば、時間切れで質問に答えられないこともなくなります。また、ニュアンスも伝えることができます。面接官が「もっと知りたい」と思うのであれば、質問を重ねて聞いてくれるはずです。何より、質問を忘れるリスクも減ります。

加えて、「短く答える」ことも大切です。自分が取った「ポジション」の理由がわかればいい、くらいに割り切って、できるだけ短く答えましょう。

結論ファーストで端的に答えて、たくさん質問をしてもらいましょう。

図7 第3章のまとめ

面接で大事なこと

目的はお互いが分かり合うこと

- 想定通りには進まない
- 全身でわかり合おう

操れる言葉を使おう

- 言い換えができる言葉を使う
- 書き言葉はだめ

想定問答は不要

- 答えは暗記しない
- その場で柔軟に答える準備をする

面接で書類を補う

- 書き切れなかったことを伝える
- 補足も可能

時間を効果的に使う

- 面接官の立場も考える
- 結論ファースト

第 4 章

負けない小論文

合格レベルの小論文を書くことは意外と難しくありません。実は作文よりずっと簡単です。いくつかの型を覚えることで、制限時間内に論理的、かつ、説得力のある小論文を書けるようになります。ムダな失点をせず、要点を押さえて効率よく得点を稼げば、合格点を取ることが可能です。準備にあまり時間をかけ過ぎずに「負けない」小論文をめざしましょう。

25 「今」からでも間に合いますか？

質問します。小論文の試験まであと何日残っていますか？

1週間以上残っている人はラッキーです。これから30分が勝負です。今すぐこの章を読んで、やることとやらないことを理解してください。理解したら、あとは実行あるのみです。今日中に1本、小論文を書き上げてみましょう。タイトルは何でもいいのです。もし、何を書いていいのか悩んだら、

「あなたの好きなもの（あるいは好きなこと）について、自身の体験を交えつつ、六百字以内で論じなさい。」

に取り組んでみてください。準備を続けていけば、十分に間に合います。

小論文はラクな科目?

1週間を切ってしまった人はちょっと大変です。しかし、がんばれば間に合います。数日の対策で、早慶上智に合格した受験生をたくさん見てきました。これから30分でこの章を読んでやるべきことを把握したら、すぐに実行に移しましょう。効率よく作業を進めれば間に合います。

というのも、小論文は、世間のイメージよりも簡単な科目だからです。より正確に言えば、小論文で合格レベルに到達するのは、他の科目、たとえば、**英語や数学、社会よりもはるかにラク**です。その理由を説明します。

合格者は、いたって「普通」のレベル

曰く、小論文はこれまでの読書経験が重要となる。
曰く、小論文は深い知識や教養が求められる。
曰く、小論文は高度な語彙力、巧みな文章力が必要となる。

いずれもよく言われることです。しかし、洋々ではそのようなレベルまで達していない人でも合格できた例をたくさん見てきました。断言できます。いわゆる「普通」のレベルでもまったく問題なく合格できます。

以下は、合格者の中に実際にいた人です。

- **マンガのセリフを読むのもめんどうくさがる人**
- **会話に知性が感じられないという理由でフラれた人**
- **作文の書き出しで30分固まる人**

このような人も小論文で合格しました。小論文は基本を理解し、いくつかの技術を身につけることで十分に本番で勝ててしまう科目なのです。これが、小論文がラクな科目である、と私が言い切る理由です。

では、小論文とは何か？　どのくらい書ければ合格できるのか？　そして、どうやれば短期間で合格に手が届くのか？

これから順番にお話しします。あせって読み飛ばしたりはせず、一つひとつ確実に理解してください。小論文は知性あふれる人々の職人芸ではありません。**だれにでも習得可能な、基本的技術の積み重ねに過ぎない**ことがわかるはずです。

そして30分後、みなさんは、小論文は何とかなるかも、と思い始めているでしょう。あとは自信を持って決まった作業をこなすだけです。その先には、おそらくみなさんの人生でも指折りの、大逆転の物語が待っています。

26

小論文はこれだけで書ける！
作文よりもやさしい理由

作文と小論文は違う、というのは聞いたことがある人も多いでしょう。

一方で、作文は小論文よりも難しい、逆に言えば、小論文は作文よりもやさしいということは知られていません。

そもそも作文の目的は、読者を惹きつけることにあります。最後まで興味を持って読んでもらうことができれば、書き手の勝利です。

導入は端的にわかりやすく

一方、小論文の目的は、読み手を納得させることです。最後まで読んで、「なるほど！　この人の言うことにも一理ある！」と思わせることができれば成功です。

たとえば、こんな課題があったとしましょう。

「あなたの好きなもの（あるいは好きなこと）について、自身の体験を交えつつ、六百字以内で論じなさい。」

設問の要求から、まずは自分が何を好きなのかを答える必要があります。たとえば、以下の2通りの書き方、どちらが小論文として正解でしょうか？

①「犬よりも愛しい存在が果たしてこの世にあるだろうか」
②「私は犬が好きだ」

答えは②です。

採点者に納得してもらうためには、そもそも**何を言っているのかをわかってもらう必要があります**。①は一見「おしゃれ」な書き出しですが、②と比べて何が好きなのかがわかりにくいです。つまり、小論文の書き方としてうまくありません。まずは徹底的にわかりやすく書くことを意識しましょう。

◎根拠を示せば小論文になる

「私は犬が好きだ」

これで聞かれたことにわかりやすく答えることはできました。しかし、納得してもらえるとは限りません。ある採点者はそもそも動物に興味がなく、また、ある採点者は犬が大嫌い、さらに別の採点者は猫を溺愛しているかもしれません。そんな彼らに犬が好きな自分の気持ちを納得してもらうためには、犬のすばらしさを語ったり、犬に対するマイナスイメージを払拭《ふっしょく》したり、犬にできて猫にはできないことを明らかにしたりする必要があります。

わかりやすく意見を述べたら、今度は相手が納得できるように、**意見の裏づけとなる情報（＝根拠）を示す**必要があります。

たとえば、

「私は犬が好きだ。なぜなら、かわいいからだ」

これで「私は犬が好きだ」という意見に対して、「かわいいから」という根拠、すなわち、意見の裏づけとなる要素を示せたことになります。これが小論文の記念すべき第一歩です。**意見を述べ、その裏づけとなる根拠を示せばそれはすでに小論文**なのです。

根拠の示し方はいたって単純

あとはこれに続けて、犬ならではのかわいさとは何か（＝他のかわいいものとの違いはどんなところにあるのか）、かわいい犬の実例、犬嫌いの人への反論等を追加していくと、根拠はみるみる強化されていきます。それはそのまま、小論文としての得点の向上に直結します。

実のところ、根拠の示し方のパターンは限られています。現代文の授業に出てくる小難しい言葉で近代合理主義批判を展開している文章も、テレビショッピングのオジサンのエアコンのプレゼンも、論理構造はほとんど同じです。

この本では、すぐに使える根拠のパターンをまとめておきます。これらを使いこなせれば、小論文で普通の受験生に負けることはなくなるでしょう。

ちなみに、この本で紹介する根拠のパターンは、日常生活でも便利遣いができるものばかりです。部活の勧誘、お小遣いの値上げ交渉、そして愛の告白の際にも大いに活用してください。日常生活は、小論文よりもずっと難しいので、いつもうまくいくとは限りません。しかし、使いこなすことでだいぶ人生が楽しくなるはずです。

図8　小論文はこれだけで書ける！

27 模範解答は役に立たない

「模範解答」を見て絶望した経験はありませんか？

絶望の原因は、ある「魔物」がそこにいるからです。市販の過去問集の解説、予備校のホームページの過去問掲載ページなどに、その「魔物」は生息しています。「魔物」とは一体何のことでしょうか？

- ぎっしりと詰まった、意味がわからない難しい漢字や見慣れないカタカナ用語
- 聞いたこともないような（そして、多分一生読むことのない）書籍の一節の引用
- どこで調べたのかつっこみたくなる、惜しみなく羅列された詳細すぎるデータ

合格への道筋を示し、希望を与えるはずの模範解答が、受験生の自信とモチベーションをゴリゴリと削り、打ちのめします。これが「魔物」の正体です。

でも、安心してください。結論から言えば、「こんなの」を書く必要はまったくありません。**書けなくても十分に受かります**し、そもそも**書ける受験生はほぼ存在しません**（いたとしても限りなく少数派なので、大勢に影響しません）。

模範解答の作られ方

模範解答は、小論文対策のプロが作ります。時間無制限で、手書きではなくパソコンで、必要があれば書籍やウェブサイトも参考にしながら、全力で仕上げます。

模範解答は、短い制限時間の中、手書きで、自分の頭だけを頼りに仕上げなければならない、**受験生とは真逆の環境で作られる**のです。

ですから、模範解答がすばらしい内容になっているのは当たり前です。受験生が実際に小論文を書く条件のもとで書かれていないので、極端に言えば、参考にすべきではありません。ハッキリ言います、小論文の模範解答は役に立ちません。

◎答案レベルを安定させよう

合格者の再現答案を見ていると、東大や京大、早稲田、慶應、上智といった一流大学であっても、合格に必要なレベルは、**想定よりもはるかに低いところにある**ことに気がつきます。

総合型選抜や学校推薦型選抜の小論文は、800字、すなわち、原稿用紙2枚分の答案を60分で仕上げるというのが一般的な形式です。問題はもちろん、試験会場で初めて与えられます。

静寂の中、本番の緊張と戦いながら、その場で読み、何を書くべきかを考え、答案用紙を埋めていかなくてはなりません。加えて手書きですから、書き直しもままなりません。たとえば2、3行書いてから、やはりこっちの表現の方がよかったかと消しゴムを取り出し……などとやっていると残り時間はみるみる減っていきます。

ですから、そもそもの話、模範解答のようなすばらしい内容の小論文が書けるわけがないのです。

みなさんがめざすべきは、模範解答のような小論文を書くことではないということを理解していただけたでしょうか？　みなさんに書いてほしい小論文のレベルには、これからお話しする小論文の基本を守ることで、十分に到達することができます。

みなさんがすべきことは、**どんなに失敗しても、合格最低点は越えるように答案のレベルを安定させること**です。短期間で小論文の対策をしなければいけない場合はなおさらです。

繰り返しますが、模範解答を気にする必要はありません。

すばらしい小論文を書くために使おうとしていた労力と時間は、志望理由書の作成や面接の対策に回しましょう。その方が、最終合格の可能性が高まるからです。

28 落ちたくなければこれだけ守ろう

大学入試の小論文は、通常、一人の先生（多くは大学の教授）が問題を作成し、複数の先生（大学の教授、准教授など）が分担して採点を行います。

採点者が複数の場合、好き勝手に採点をして、採点基準にブレが生じてしまうと問題です。不公平が生じるからです。ですので、**採点者にはあらかじめ採点の方針（＝採点基準）が共有され、採点者はその方針に従って答案をチェック**し、点数をつけます。

「～が書いてあるので5点」
「～の要素も含まれているのでさらに5点」
「でも～への言及がないからマイナス10点」

のように、採点基準に従って点数をつけます。

そして、多くの場合、採点基準は論理構成を重視しているため、個性的な文章が評価されることは多くありません。


ですから、前項で述べたような失敗しない小論文を書くためには、採点のポイントを理解し、ムダな失点を避けつつ、確実に得点を稼ぐ必要があります。

この項では、ムダな失点を避ける方法についてお話しします。

ムダな失点をしないための四つのポイント

結論からお伝えします。

ムダな失点をしないためのポイントは、以下の四つです。

①設問に答える
②設問条件を満たす
③字数は制限字数の8割以上埋める

④字数超過は避ける

これら四つのポイントは、答案の完成度には関係がないため、満たしても加点にはなりません。しかし、満たさなければ大幅に減点されます。

前出の例題で、この四つのポイントを満たす方法を具体的に考えましょう。

「あなたの好きなもの（あるいは好きなこと）について、自身の体験を交えつつ、六百字以内で論じなさい。」

①設問に答える

聞かれたことにストレートに答えてください。ここでは「私は犬が好きだ」（これはさっきやりましたね）と書くことにします。

②設問条件を満たす

問題の要求に従いましょう。今回は「自身の体験を交えつつ」なので、それ以外の具体例を挙げても点にはなりません。

たとえば、渋谷駅前に忠犬ハチ公の銅像があります。ハチのエピソードを書いても、それは自身の体験ではないので、具体例としては不適切です。子どものころ、忠犬ハチ公の映画を観て号泣したことがある、なら自身の体験なので（ギリギリ）ＯＫです。

③字数は制限字数の8割以上埋める

大学の先生の本音は、「9割ぐらいは書いてほしい」です。しかし、経験上、8割以上書ければ大丈夫です（600字以内なら480字以上）。稀《まれ》に6～7割で受かっている人もいますが、8割以上書いた方が根拠をより厚く示せる分、内容的に優れたものになる可能性が高くなります。

④字数超過は避ける

字数オーバーはＮＧです。制限字数以上書いて受かったケースは、見たことがありません。

今回の設問の場合、610字書いてしまったら内容が優れていても大幅減点か、最悪の場合、採点対象外になります。つまり、失格です（ちなみに、ややこしいのが「○○字程度」という指定です。この場合は通常プラスマイナス1割と考えてください。「600字程度」なら540〜660字の範囲に収めます）。

以上、知っていればそんなに難しくありませんが、これらを守るだけでも本番で落とされる確率はかなり下げられます。

本番は元より、日頃の演習でもこれらを強く意識してください。

『徒然草』の双六《すごろく》の達人のエピソードを知っていますか？　くわしくは、231ページをご覧いただきたいのですが、ここでは要点だけお伝えします。その要点とは、勝負事の秘訣はライバルに勝ちに行くことではなく、ライバルよりも先に負けてしまう理由を作らないことです。

以上、ムダな失点をしないための四つの秘訣をお伝えしました。

29 効率よく得点を稼ぐ

次に、効率よく得点を上げる方法についてお話しします。

繰り返しますが、小論文の基本は、以下の２点です。

- 聞かれたことに対して自分の意見を述べる
- 意見を述べたら裏づけとなる根拠を示す

ここで意見は、反社会的なこと、挑発的なことでなければ、基本的には何を書いても大丈夫です。

重要なのは裏づけとなる根拠を示すことです。根拠さえ示すことができれば、意見は何を書いてもＯＫです。たとえば、小論文の世界でしばしば論点になる「課題文に賛成すべきか反対すべきか」も、究極的にはどちらでも問題はありません（この本では一応課題文に近い立場を採ることをおすすめします。しかし、それは単にその方がラクに答案を仕上げられるからに過ぎません。繰り返しますが、どちらでも構いません）。

実のところ、小論文の内容面の評価、つまり加点されるか、されないかは、根拠がどの程度しっかり書けているかで決まります。根拠を示すことができれば自ずと得点も高くなります。

では、どうすれば裏づけとなる根拠が書けていると評価されるのでしょうか？

加点の評価対象は三つ

根拠が書けているかどうかは、以下の三つのポイントで判断されます。

①論理的に示されているか？
②説得力があるか？

③独自性があるか？

ここでも先ほどと同じ課題を利用して、具体的に理解しましょう。

「あなたの好きなもの（あるいは好きなこと）について、自身の体験を交えつつ、六百字以内で論じなさい。」

①論理的に示されているか？

「論理的に示されている」とはどういう意味か？　簡単に言うと、答案の展開がわかりやすいということです。

そして答案の展開をわかりやすくするためには、大きく分けて二つの方法があります。

【接続語を使う】

一つ目は**接続語を活用する**ことです。接続語とは、接続詞を含む、文と文、言葉と

言葉、段落と段落等の関係を示す言葉です。この接続語を補うと、かなり読みやすい文章になります。たとえば、

「私は犬が好き。犬はかわいい」

←〈接続語を入れると〉

「私は犬が好きだ。なぜなら、かわいいからだ」

前者は「犬はかわいい」まで読んだところで「私は犬が好き」が意見、「犬はかわいい」が根拠とわかります。

後者は、「なぜなら」を見た瞬間にそれまでが意見で、次が根拠だと判断できます。採点者は、根拠であろうという推察をしつつ、「かわいいからだ」の要素を読むことになるため、内容が頭に入りやすくなるのです。

【段階的に情報を提示する】

二つ目は段階的に情報を提示することです。

以下の文章を読んでください。どんな印象を持ちますか？

うちのマルチーズは全身がふわふわした白い毛皮にくるまれていて、角度によっては白い大きな毛糸玉のようにも見える。私は犬が好きだ。マルチーズは目が大きく黒目勝ちだ。表情がころころ変わる。犬は見た目がかわいい。

意見と根拠、抽象的な話と具体的なエピソードがごちゃごちゃになっています。採点者にとって、とてもわかりにくい文章です。では、どうすれば改善できるでしょうか？

ポイントは、「意見→根拠」「抽象的根拠→具体例」と、段階的に情報を提示することです。

私は犬が好きだ。見た目がかわいい。うちのマルチーズは全身がふわふわした白い毛皮でくるまれていて、角度によっては白い大きな毛糸玉のようにも見える。目が大きく黒目勝ちで、表情がころころ変わる。

どうでしょうか？　このような順番で情報を伝えることができれば、採点者にとって親切な文章になるでしょう。

仕上げに先ほどお話しした、接続語を補ってみましょう。（　）の部分が接続語になります。

私は犬が好きだ。（なぜなら）犬は見た目がかわいいからだ。（たとえば）うちのマルチーズは全身がふわふわした白い毛でくるまれていて、角度によっては白い大きな毛糸玉のようにも見える。（さらに）目が大きく黒目勝ちで、表情がころころ変わる。

だいぶ読みやすくなりました。

実際の小論文の試験では、より複雑な内容を、より多くの字数で書くことになります。さらに言えば、採点者は、読まなければならない答案が他にもたくさんあります。言い方を換えれば、採点者が一つの答案をじっくり読んで、悩み抜いて点数をつけることはなかなか期待できません。ですから、わかりにくい、読みにくい答案は、低い点数をつけてさっさと次の答案に行ってしまう、こんな状況が起きるのです。

採点者にとって読みやすくわかりやすい、「親切設計」の答案を作成することは、加点の対象になる、つまり、合格するためにはとても重要なのです。

②説得力があるか？

説得力があるとは、反論の余地が少ないということです。たとえば、

「犬はかわいい。なぜなら見た目がかわいいからだ」

と書くと、流れはわかりやすいのです。しかし、反論の余地がたくさん残っています。たとえば、猫は見た目がかわいくないのか？　見た目がかわいいという理由であ

れば、ぬいぐるみでもいいのでは？　なぜ犬であって他の動物ではいけないのか？　相手が納得するまで根拠を強化しなくてはなりません（少し難しい用語ですが、この作業を「差別化」と言います）。たとえば、

「犬はかわいい。なぜなら見た目がかわいいからだ。また、犬は人間に寄り添ってもくれるからだ」

のように根拠を増やすと、次第に犬が有利になってきます。

もし制限字数が少ない場合は、より差別化しやすい要素を優先します。この場合は、「かわいい」より、「寄り添ってくれる」の方が候補は少なくなるため、

「私は犬が好きだ。なぜなら、犬は人間に寄り添ってくれるからだ」

とした方が説得力は増しますね。

さらに、先ほど例で挙げたマルチーズのように、見た目がかわいい犬の実例を追加したりすることで、反論の余地は減少し、説得力は強化されます。たとえば、

私は犬が好きだ。（なぜなら）犬は見た目が愛らしいからだ。（また）人なつっこいからだ。（たとえば）うちのマルチーズは全身がふわふわした白い毛でくるまれていて、角度によっては白い大きな毛糸玉のようにも見える。目が大きく黒目勝ちで、表情がころころ変わる。甘えん坊で気が付けば自分にくっついて寝ている。

となると、反論する側は、かなり考えなくてはいけません。つまり、反論の余地が少ない文章ということです。

③独自性があるか？

独自性があるとは、他の受験生とは異なる要素が盛り込まれているということです。他の受験生が持っていないような**知識や鋭い視点、ユニークな発想**などがこれに

当たります。

たとえば、「好きなもの」の例題であれば、他の受験生が好きとは言わないものを好きと強く推すのも効果的です（例：私は多足類が好きだ）。

また、他の受験生が好きと言いそうなものであっても、他とは変わった根拠を挙げると、差別化することができるでしょう（例：私は猫が好きだ。なぜならなかなかなついてくれないからだ）。

先ほどの犬の例であれば、「犬の人なつっこさ」のくだりで、「最近の研究で犬が人間の精神状態をかなり正確に把握し、それに同調する能力を持っているらしいことが判明した」ことなどを盛り込むことができれば、独自性ありと判定される可能性が高いです。

ただし、独自性は諸刃の剣で、**書きようによっては非常識、協調性がないなどと受け取られる危険性**もあります（多足類が好きという感性と合う人は、もしかしたら少数かもしれません）。特に法学部や医歯薬看護系の小論文においては、社会常識や人権威感覚（＝ざっくり言うと、他者を尊重する姿勢）を見る傾向があるため、あまり尖《とが》ったことは書かない方が安全です。

多様性は大切です。個人が好きなことは、どんなことであれ、尊重されるべきです。しかし現実的には、やっぱりそれが理解できない、という人も存在します。「なぜ理解してくれないんだ！」と思う気持ちはわかりますが、現実は知っておくべきでしょう。

独自性は適切に示すことができればアドバンテージになりますが、なくても十分に合格ラインをクリアすることが可能です。

短期合格をめざす場合は、無理に独自性をアピールしようとせず、論理性や説得力を意識して、手堅く答案を作成することをおすすめします。

図9　効率よく得点を稼ぐ方法

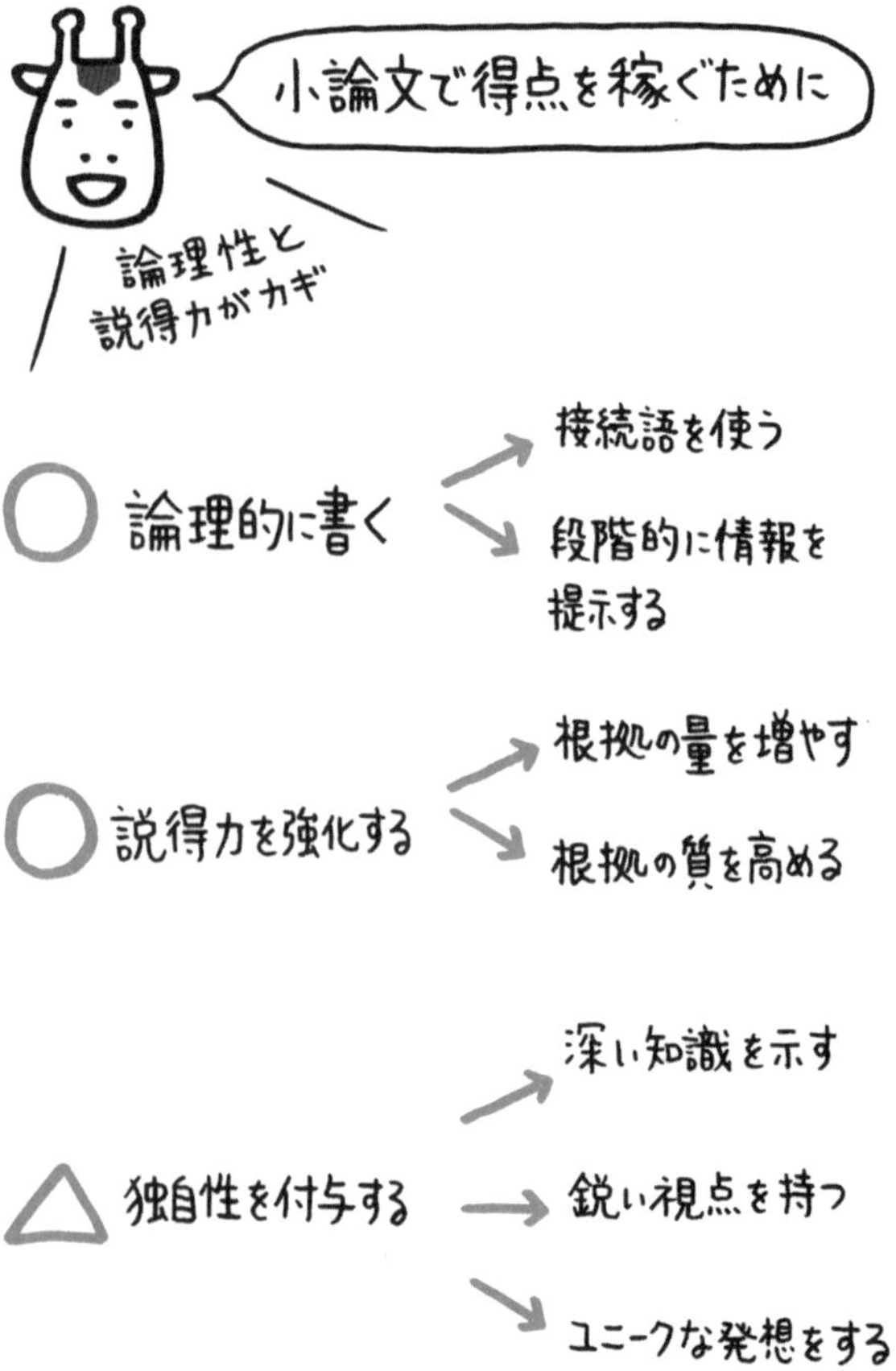

小論文で得点を稼ぐために
論理性と
説得力がカギ
○ 論理的に書く
接続語を使う
段階的に情報を
提示する
○ 説得力を強化する
根拠の量を増やす
根拠の質を高める
△ 独自性を付与する
深い知識を示す
鋭い視点を持つ
ユニークな発想をする

30 意見提示の型

同じ手順で考え、同じ形で書く①

繰り返しますが、小論文は、以下の構成で書きます。

自分の意見＋その裏づけとなる根拠

実は、この意見と根拠の組み合わせ方は、ある程度パターン化することができます。

試験の本番、**限られた時間内で答案を仕上げるためには有効な手段**です。

また、そうした答案でいわゆる一流大学でも問題なく合格できることは、過去の多くの合格者が実証してくれています。

早速、すぐ使えて、一生役立つ「型」を二つ、ご紹介します。

①「意見提示の型」⇩自分の意見を述べ、それを追いかける形で根拠を示す

タイトルが与えられ、それについて自分の考えを述べるタイプの小論文（＝**課題型小論文**）や、課題文が与えられ、それについて自分の考えを述べるタイプの小論文（＝**文章読解型小論文**）では、**自分の意見⊕それを追いかけて根拠を示す**タイプの「型」が使われます。この型を、「意見提示の型」と言います。

基本的な流れは以下のようになります。

- 意見の決定
⇦
- 抽象的根拠の提示
⇦
- 具体例の提示
⇦
- 予想される反論に対する再反論 or 予想される反論を踏まえた修正

それらを踏まえた善後策の提示

↓

● 結論の提示

では、一つずつ見ていきましょう。

【意見の決定】

設問で聞かれたことに対して、明確かつシンプルに回答します。

たとえば、「あなたは何が好きか?」であれば、「私は犬が好きだ」など。

ここで、明確かつシンプルに回答しておかないと、根拠を書くのが大変になるので注意が必要です。

たとえば、「私は犬がどちらかと言えば好きだ」と書いてしまうと、「好き」と「気に入らない」が混ざっている状態ということになります。ですので、犬が好きな根拠に加えて、どこが気に入らないのかも説明しなければなりません。

また、「私は小型の洋犬が好きだ」と書いてしまうと、こちらも犬が好きな根拠に加えて、小型である必要性や日本犬∧洋犬である旨を示す必要が生じてしまいます。

【抽象的根拠の提示】

実は、「意見提示の型」の流れの中で最も重要なのは、抽象的根拠の提示です。抽象的根拠の提示を、いかに説得力を持って展開できるか？　これができるかできないかで、答案の評価が大きく分かれます。

抽象的根拠を提示するためには、いくつかパターンがあります。この本では、抽象的根拠を、

理由（＝根拠の予告編）⊕説明（＝根拠の本編。理由をよりくわしく説明する）

の2段階で構成する方法を紹介します。

たとえば、

意見：私は犬が好きだ
理由：（なぜなら）かわいいからだ
説明：（より具体的には）見た目が愛らしい。（また）性格が人なつっこい

あるいは、

意見：私は犬が好きだ
理由：理由は二つある
説明：（まず）見た目が愛らしい。（次に）性格が人なつっこい

といった感じです。

理由はざっくりした方向性を示すだけ。理由であれこれ書きすぎると、次の説明を展開しにくくなるからです。

ですので、たとえば、何らかの制度に対する賛否を示す場合は、

意見：○○に賛成
理由：（なぜなら）デメリットよりメリットが大きいからだ
説明：（より具体的には）メリットは〜。一方で、デメリットは〜。両者を比較すると〜

のように、理由をあえて言葉足らずにすることで、無理なく次の説明につなげることができます。

【具体例の提示】

具体例は抽象的根拠の裏づけとなる実例を示して、説得力を強化する働きを持ちます。採点者にわかりやすいイメージを持ってもらう、字数を稼ぐといった効果も期待できます。たとえば、

意見：私は犬が好きだ

理由：（なぜなら）かわいいからだ
説明：（より具体的には）見た目が愛らしい。（また）性格が人なつっこい

のように書いてきた場合は、特定の犬種や個体を取り上げて、見た目の愛らしさや性格の人なつっこさをアピールすることになります。

意見：私は犬が好きだ
理由：（なぜなら）かわいいからだ
説明：（より具体的には）見た目が愛らしい。（また）性格が人なつっこい
具体例：（たとえば）うちのマルチーズは全身がふわふわした白い毛でくるまれていて、角度によっては白い大きな毛糸玉のようにも見える。目が大きく黒目勝ちで、表情がころころ変わる。甘えん坊で気がつけば自分にくっついて寝ている。

具体例を上手に書くためのテクニックが二つあります。一つ目は抽象的根拠と具体例の要素の個数をそろえることです。

たとえば、先ほどの例文で、マルチーズの「かわいさ」を①見た目と②性格の2要素で説明した場合、具体例でも見た目の話と性格の話、二つそろえる必要があります。

二つ目は抽象的根拠と具体例で表現を換えることです。これも先ほどの例文で、（犬は）性格が人なつっこいと説明した後に、具体例でマルチーズは性格が人なつっこいと述べてしまうと、後半は何も情報が増えていないため、説得力を強化する働きが限定的なものになってしまいます。

具体例を書くときは、要素の個数をそろえて表現を換えることを意識してください。

【発展】

一方、字数に余裕がある場合（400字以上。600〜800字が一般的）は必要に応じて発展、結論のパートを盛り込みます。

発展は、意見と根拠という小論文の最低条件を満たした上で、字数に余裕があれば追加の要素を盛り込んで、さらなる加点をねらうパートです。書きやすい「型」は以下の通りです。

予想される反論に対する再反論 or 予想される反論を踏まえた修正
それらを踏まえた善後策（改善の方向性＋具体策）の提示

といった感じです（少しややこしいので、次々ページでもう一度説明します）。

【結論の提示】

結論は、答案の〆となるパートです。役割上、このパートで新しい要素を盛り込むことはできません。これまでの論述を総括すること、設問条件に明確に答えることを念頭に、なるべくシンプルに構成することになります。

以上をもう一度、「意見提示の型」についてまとめます。

● 意見の決定
↓
● 抽象的根拠の提示

● 具体例の提示
⇩
● 予想される反論に対する再反論 or 予想される反論を踏まえた修正
⇩
それらを踏まえた善後策の提示
⇩
● 結論の提示

では、「意見提示の型」を使って、書いてみましょう。

「意見提示の型」を使って書いてみた

繰り返しになりますが、「意見提示の型」を利用する場合は、抽象的根拠の提示で説得力のある根拠を提示することがポイントです。では、この課題で書いてみましょう。

「あなたの好きなもの（あるいは好きなこと）について、自身の体験を交えつつ、六百字以内で論じなさい。」

意見の決定：犬が好き

抽象的根拠の提示：かわいい⇩見た目の愛らしさ⊕人に寄り添ってくれる（⊕その背景に犬の高い状況把握能力）

具体例の提示：うちのマルチーズ　柔らかな白い毛皮、黒くつぶらな瞳⊕気がつけばくっついて寝ている（⊕落ち込んでいるときほど密着、顔を舐めてくれたりする）

予想される反論に対する再反論 or 予想される反論を踏まえた修正：運動させるのは大変⇩運動量は犬種によってまちまち

それらを踏まえた善後策の提示：自分の生活スタイルに合わせた犬種選びが重要⇩た

とえばマルチーズであれば、小型犬で特別に活発な犬種でもないため、室内遊戯⊕週に1~2回気分転換に散歩に行くだけでも大丈夫

結論の提示：犬が好き

それぞれのパートがそろいました。あとは、ふさわしい接続語を補いつつつなげれば、小論文が1本完成します。では、やってみましょう。

私は犬が好きだ。（なぜなら、）かわいいからだ。（より具体的には、）見た目が愛らしい。また、人に寄り添ってくれる。これは単なる性格というより、犬が人間の内面を把握し、共感する高い知性を備えているためだとする説もある。（たとえば）、うちのマルチーズは全身が柔らかな白い毛皮でくるまれていて、角度によっては白い大きな毛糸玉のようにも見える。黒

くつぶらな瞳で表情がころころ変わる。（また）、甘えん坊で気がつけば私にくっついて寝ているが、私が落ち込んでいるときほど全身を密着させ、時には顔を舐めてくれたりもする。
（確かに、）日々の運動をさせるのが大変だとの声もある。（しかし、）運動量は犬種によってまちまちだ。（よって、）自分の生活スタイルに合わせた犬種を選ぶことが重要である。（たとえば、）先ほど例に挙げたマルチーズであれば、小型犬で特別に活発な犬種でもないため、室内遊戯を中心に、週に一～二回気分転換に散歩に行くだけでも問題はない。
（以上のように、）私は犬が好きだ。

できました。いかがでしょうか？　このような内容を書くことができれば、十分に合格レベルを守ることができます。

では、書けそうな気がする人、書きたくなってしまった人はここで本を閉じて、同じ課題で答案を作ってみてください。課題はこれです！

「あなたの好きなもの（あるいは好きなこと）について、自分の体験を交えつつ、六百字以内で論じなさい。」

少しだけヒントを差し上げると、たとえば、ヨークシャーテリア、三毛猫などであれば、さっきの答案例のかなりの部分をそのまま使えそうですね。もちろん、尊敬しているスポーツ選手、長年追いかけているアイドルでも構いませんし、特定の本や映画、ゲームのタイトルを挙げても大丈夫です。

また、少し論述の難易度は上がりますが、スポーツ観戦、コンサート、読書、映画鑑賞、ゲームをプレイすること、といった「行為」でも書くことはできます。

さあ、始めてください！

図10 意見提示の型

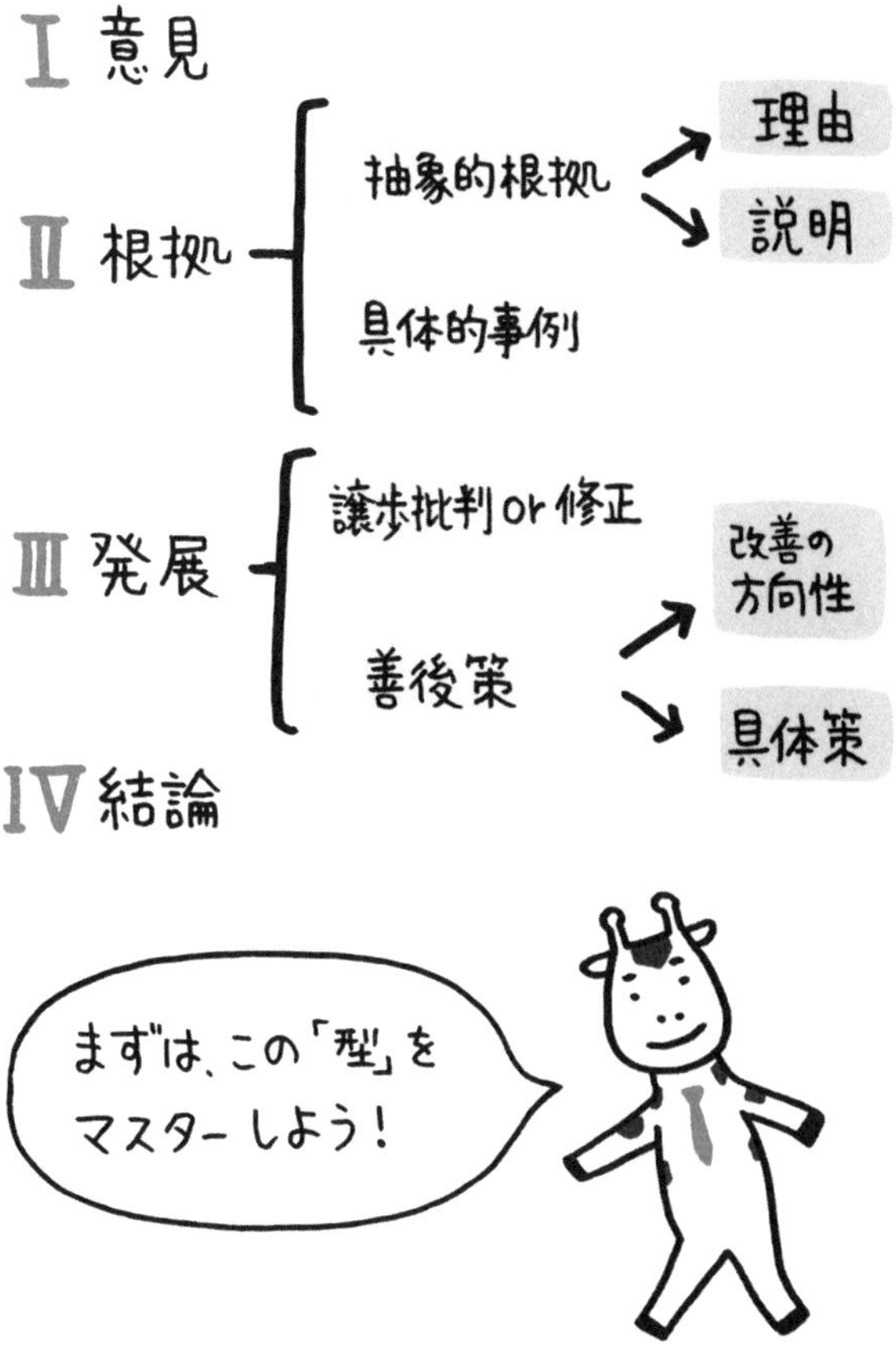
Ⅰ 意見
Ⅱ 根拠
抽象的根拠
理由
説明
具体的事例
Ⅲ 発展
譲歩批判 or 修正
善後策
改善の方向性
具体策
Ⅳ 結論
まずは、この「型」をマスターしよう！

31

同じ手順で考え、同じ形で書く②

問題解決の型

つづいて、もう一つの「型」を紹介します。

②「問題解決の型」⇩問題を取り上げ、それに対する解決策を考える

「問題解決の型」は、課題として表やデータが与えられ、それについて自分の考えを述べるタイプの小論文（**＝表・データ分析型小論文**）に使います。

「意見提示の型」と比べて使える局面は減るものの、問題〜解決策まで一貫して語る場合に絶大な威力を持つ「型」です。実はこの「型」は、志望理由書等を作成する際にも使うことができます。

ただし、「意見提示の型」と比べるとレベルが高いので、「意見提示の型」を使いこなせば「問題解決の型」はマスターしなくても大丈夫です。ですので、**本番まで残り**

1週間を切ってしまっている人は、この項目は読み飛ばしてください。

以下が、「問題解決の型」の構成です。

- 課題の指摘
- ↓
- 原因の分析
- ↓
- 改善の方向性の提示
- ↓
- 具体策の提示

では、例題を使って「問題解決の型」の具体的な構成の方法を見てみましょう。「意見提示の型」では日常的なテーマを取り上げたので、今度は少し硬めのテーマで考えてみたいと思います。

「地球温暖化の解決策について六百字以内で論じよ。」

【課題の指摘】

まずは、解決すべき問題を定めます。

通常は何らかの事象を取り上げ、それを放置した場合、だれにどんなリスクが生じるのかを示します。たとえば、

地球温暖化が進行

↓

気候が激変することで生態系が崩壊＋海水面が上昇して海抜の低い土地が水没

とかですね。

【原因の分析】

次に、原因の分析をします。

課題がどのような原因から成り立っているのかを、多面的かつ段階的に掘り下げます。

この部分は、**漏れなく重複なく行うのが理想**です。しかし、制限字数があるので現実的には難しいケースが多いです。ですので、**大きなものを優先**しつつ、重複なく行います。

以下で示す「解決策の根拠」となる重要な部分ですから、しっかりと論じることが必要です。たとえば、

人間の活動、特に化石燃料の使用により二酸化炭素の排出量が増加している㊉森林の減少により二酸化炭素が吸収・固定されなくなる

などでしょうか。

【改善の方向性の提示】

明らかにした原因群を踏まえ、何を除去すべきかを定めます。原因をすべて取り除くことができれば、それに越したことはありません。しかし、実際は取り除くことが不可能なもの、また、取り除くべきでないものも入り混じっていることが多いです。

たくさんある原因群のうち、何を優先して取り除くべきなのかを、根拠を示して決定します。たとえば、

化石燃料の使用を減らす㊉森林の減少に歯止めを掛ける

のような感じです。

【具体策の提示】

改善の方向性を踏まえた、具体的なアイデアを示します。

この「型」において最も発想力が試されるパートです。現実的な解決策が求められ

るか？　斬新なアイデアが期待されるか？　は志望校により、また設問条件により変わってきます。

特に条件がなければ、

①現実的な打ち手⊕理想的な（あるいはユニークな）打ち手

②短期的な打ち手⊕中長期的な打ち手

のおもに2パターンで論じます。

これをそれぞれあてはめてみると、このようになります。

①短期的には排出権取引の拡大⊕中長期的には再生可能エネルギーへの切り替え

②短期的には森林の農地化を抑制、木材の輸出入を管理⊕植林植樹の推進

では、念のため、「問題解決の型」で書く手順をまとめておきます。

●課題の指摘
↓
●原因の分析
↓
●改善の方向性の提示
↓
●具体策の提示

書くための材料がそろいました。
では、実際に書いてみましょう。

「問題解決の型」を使って書いてみた

地球温暖化の進行が報じられている。この傾向が続けば、気候が激変し、生態系が崩壊するリスクがある。また、極地の氷が融け、海水面が上昇する結果、海抜が低い土地が水没するとの予測もある。

地球温暖化は温室効果ガスが地球を取り巻き、太陽熱を封じ込めることで、地球の表面温度が高くなる現象である。温室効果ガスは人間の活動、おもに化石燃料の使用により排出される。二酸化炭素、メタン、一酸化二窒素等がこれに当たるが、二酸化炭素が全体の八割近くを占める。そして、二酸化炭素は植物等により吸収・炭素固定されるが、地球規模の森林の減少に伴い、大気中に留まる二酸化炭素が増え、温室効果ガスの濃度の上昇に拍車を掛けている。

したがって、今後、地球温暖化の進行を抑制するためには、化石燃料の使用量を削減することが求められる。また、併せて、森林の減少に歯止めを掛ける必要もある。

具体的な方策としては、前者については短期的には排出権取引を拡大することが考えられる。さらに、中長期的には、再生可能エネルギーへの切り替えを推進することが必要となる。また、後者については短期的には森林の農地化を抑制したり、木材の輸出入を管理することが考えられる。さらに、中長期的には国際的な枠組みの下、植林植樹を推進することも求められる。

パートごとにしっかり分けよう

「問題解決の型」のポイントは、各パートを明確に区別するということです。たとえば、課題の指摘のパートで原因分析を行ってはいけません。改善の方向性と具体策は書き分ける必要があります。

このようにしないと、さまざまな要素がごちゃ混ぜになって、結果として、各パートのつながりがわかりにくい、論理的な一貫性を欠いた答案になってしまいます。自分が今発想している、あるいは、書いているのはどのパートなのかを常に意識し、そのパートの役割から外れる要素は盛り込まないよう注意しながら、淡々と書き進めましょう。

また、思考の暴走や書きすぎを起こさないよう、自分をコントロールする必要があります。問題解決の方法を考えていると、面白くはあっても非現実的な方法を思いつくこともあります。しかし、これは「暴走」と思われてしまうことが多いので、気をつけましょう。

図11 問題解決の型

32 出題パターン別攻略法

小論文の出題形式は、大きく分けると、以下の4パターンです。それぞれ対策が異なりますので、まずは特徴をしっかり押さえましょう。

①課題型小論文

何らかの「お題」が与えられます。それについて、自分の考えを述べるタイプです。たとえば、「読書の意義について論じよ」「任意の地球環境問題を一つ取り上げ、解決策を示せ」など。

問題文や注釈で必要最小限の背景的知識が与えられることもありますが、答案作成には発想力や知識が求められます。

答案を作成する際は、「意見提示の型」か「問題解決の型」で、書くべきことを発想、文章化します。

基本的には、自分の意見や立場を示す場合は、「意見提示の型」を、社会的（時には個人的）課題に対する対応策を示す場合は「問題解決の型」で書きましょう。どちらにすべきか悩んだら、**「意見提示の型」を選べば間違いありません。**

②文章読解型小論文

課題文が与えられ、それについて自分の考えを述べるタイプです。

現在、最もポピュラーな出題形式です。課題文を要約し、その主旨に対して自分の意見を述べ、根拠を示します。

設問に特に何も書いていなければ、課題文に対して賛成・反対、どちらの立場を採ることも可能です。ただし一般的には、賛成の立場を採り、根拠で差別化すると書きやすくなります。

課題文の把握に失敗すると、出題意図とかけ離れた答案を作成してしまうリスクがあります。逆に言えば、正しく把握できれば、あとは課題文を踏まえつつ論述できます。そのため、「課題型小論文」と比べると、発想力や知識はそこまで必要ありません。

課題文を要約する際には、以下の点に注目します。

- 課題文の主旨（＝筆者が最も言いたいこと）
- 主旨を裏づける直接的な根拠
- 直接的な根拠を裏づける間接的な根拠
- キーワード（＝筆者が本文中で定義を示している言葉）

分量は設問条件にもよりますが、制限字数の４分の１程度（８００字以内であれば２００字程度）が目安です。

要約が終わったら段落を替え、「意見提示の型」を利用して書きます。筆者に近い立場を採りつつ（賛否が問われているときは賛成、問われていないときは設問に対する回答として筆者に近い立場を選択する）、根拠を書くときには、筆者との差別化を意識すると、書きやすくなります。

具体的には、以下のように構成します。

①設問に答える形で、筆者と同様の「意見」を示す
②筆者と同様の「理由」を示す㊉必要に応じて筆者と異なる「理由」も示す
③筆者よりもくわしく理由を「説明」する
④筆者とは異なる「具体例」を挙げる
⑤「譲歩批判」や「修正」で、筆者に代わって想定される反対意見に配慮を示す
⑥筆者と異なる「善後策」を示す
⑦設問に答える形で、筆者と同様の「結論」を示す

③表・データ分析型小論文

表やデータが与えられ、それについて自分の考えを述べるタイプです。

表やデータから客観的に読み取れる情報（＝事実）を抽出し、それを踏まえて考えられること（＝解釈）を加えます。さらにそれに対し、自分の意見を述べ、根拠を示すのが一般的な処理の仕方です。

表やデータを分析することで、何らかの社会問題が浮上するので、その解決策まで示しましょう。

もともとは理系学部で多く出題されているタイプの問題でしたが、近年は文系学部での出題も急増しています。

表やデータの分析の際は、「事実」（＝客観的に読み取ることができる情報）と「解釈」（＝事実を踏まえて考察したこと）を区別することが重要です。

「事実」は、設問条件を参考に、**表やデータの全体的なイメージを伝えられるもの**（たとえば、大まかな傾向や顕著な変化等）**を優先**します。

また、小論文を書く際は、**「問題解決の型」**の選択がベターです。

前述の通り、表やデータを分析すると、何らかの社会問題や、その原因が浮かび上がるからです。

そこで、「問題解決の型」を利用します。

多くの場合、表やデータは、何が問題なのか？　その原因はどこにあるのか？　を教えてくれるので、以降の改善の方向性や具体策を中心に、書くべきことを考え、以下の構成で文章化します。

- 何が問題？
　↓
- 原因はどこにある？
　↓
- どういった方向に改善すべき？
　↓
- 具体策は？

ただし、「問題解決の型」に不慣れな場合は、「意見提示の型」を使いましょう。その場合は「意見」で改善の方向性を示し、以降は「理由」や「説明」、「具体例」でその裏づけを述べ、「善後策」の部分で、具体的な解決策の提示を行うといいでしょう。

④絵画・写真鑑賞型小論文

絵画や写真を鑑賞し、その内容を踏まえて書く形式です。出題頻度は低い形式です。

まず、絵画や写真から客観的に読み取れる情報（＝事実）を抽出し、それを踏まえて考えられること（＝解釈）を加えます。表・データの分析とほぼ同じです。すなわち、「事実」（＝客観的に読み取ることができる情報）と、「解釈」（＝事実を踏まえて考察したこと）を区別します。

また、「事実」は、設問条件を参考に、表やデータの全体的なイメージを伝えられるものを優先します。

その上で、自分の意見を述べ、根拠を示します。この形式では「意見提示の型」を使いましょう。

志望校に合わせた対策を

大切なことは、**志望校の出題形式を把握し、対策の効率を高める**ことです。たとえば、志望校で課題型小論文が出題される場合は、学部・学科に合った小論文の「ネタ本」を購入して、ざっと目を通しましょう。

一方、文章読解型小論文が課される場合は、課題文を確実に把握する必要があります。そのためには、課題文を論理的に読み解き、素早く要約するといった現代文的なスキルを鍛えておく必要があります。

早いタイミングで過去問をチェックし、本番で戦う相手の傾向や攻略法を把握しましょう。理由は一つです。学習効率が飛躍的に高まるからです。具体的な過去問とのつき合い方、つまり使い方については、次の項目でお話ししますね。

33

過去問とのつき合い方
直近3年分を味わい尽くす

小論文を一通り仕上げることができたら、すぐに志望校の過去問演習に移りましょう。過去問の出題傾向や難易度を把握することで、以降の学習効率が上がります。具体的には、直近の3年分の過去問を眺めて、以下のことを確認します。

- 出題形式
- テーマの方向性（学部・学科と直接関連があるか否か）

ちなみに、あまり古い年度の問題は参考にはなりません。通常は**2〜3年で出題者が交代**します。また、前任の出題者の問題を踏襲しているつもりでも、**少しずつ傾向はシフト**します。

さらに10年も経てば出題されるトピックも大きく変わってしまうため、その過去問から学んで本番に転用できる部分も少なくなります。よほど時間がある場合は別ですが、そうでなければ、3年分、ないし、最大5年分の過去問を見るのがベターです。

◎「知らないと書けない」問題の解決法

そもそもの話、知識がないと書けない場合があります。それは、出題形式が課題型で、かつ、学部・学科と直接関連がある知識が必要なケースです。たとえば、看護学部で「患者の自己決定権についてあなたの考えを述べよ」という問題だったら、知識の多少が合否を分けます。「患者の自己決定権」について「知らないと何も書けない」リスクがあるのです。

この問題の解決策は、小論文の頻出テーマを解説した本、**いわゆる「ネタ本」を1冊購入**することです。

志望する学部・学科に合ったもので、かつ、あまり細かすぎないものであれば、どんな本でも大丈夫です。細かく覚える必要はありませんので、ざっと目を通してどんなテーマが出題される可能性があるのか？　それはそもそもどんな内容なのか？　どこが論点になっているのか？　を**ざっくりと把握**してください。

そして、その本を眺めながら、実際に過去問に取り組んでみましょう。これだけでもその論点に関する知識、理解はかなり深まります。そして、そこから派生する他の論点に関する視点も養われます。

たとえば、「患者の自己決定権」について答案を書くと、結果的に「医の倫理の変化」「キュアとケア」「ＱＯＬ」「インフォームドコンセント」といったテーマまで、（何となく）理解できるようになります。

もちろん、ネタ本を読むだけで、１００％の知識は身につきません。しかし、少なくとも他の受験生と知識面で差をつけられてしまう可能性は少なくなります。

◎書いた小論文の評価法

ここまでやったら、みなさんがやることはあと一つです。まずは、過去問を1年分解きましょう。実戦感覚を身につけるために、時間を計って、手書きで取り組んでください。そして、答案が仕上がったら、左のシートの基準に従って、完成度をセルフチェックしてください。このシート、実は、洋々のすべての講師の間で共有しています。こっそり掲載するので、ぜひ活用してください。

図12 講師用採点シート

※ ▲は減点、それ以外は加点。

❶ 設問条件 (0/▲25/▲50)

□ 設問条件を忠実に反映できているか？

点数　　点

❷ 読解 (20/10/0) ※ない場合は20点を付与

□ 課題文、表・データ等の内容を正しく把握できているか？

点数　　点

❸ 論点 (0/▲15/▲30)

□ 論点を適切に設定できているか？
□ 設定した論点に対して、自分の意見を正確に述べられているか？

点数　　点

❹ 発想 (40/35/30/25/20/15/10/5/0)

□ 自分の意見に対応した根拠を示せているか？
□ 根拠の分量は適切か？
□ 客観性のある根拠を示せているか？
□ 独自性のある根拠を示せているか？

点数　　点

❺ 論理構造 (40/35/30/25/20/15/10/5/0)

□ 段落構成は適切か？　□ 各文の配置は適切か？
□ 接続詞の使い方は適切か？

点数　　点

❻ 文章 (0/▲10/▲20)

□ 一文の長さは適切か？　□ 主述の対応は適切か？
□ 語順や表現の選択は適切か？　□ 誤字、脱字はないか？

点数　　点

❼ 原稿用紙 (0/▲10/▲20)

□ 原稿用紙の使い方は適切か？
□ 文字数は適切か？

点数　　点

合計　　点

以下に、今までお話ししてきた小論文を書く際のチェクポイントをまとめます。すべて満たせば、自動的に前ページの採点シート上の点数も高くなります。

①形式的条件 →（詳細は161ページを参照）

- 設問に答える形で意見を示せているか？
- 設問条件をすべて満たしているか？
- 字数は制限字数の8～10割の範囲内か？

これらは一つでも守れていなければ大幅減点です。確実に修正しましょう。

②内容面

課題文や表・データ、絵画・写真等が与えられている場合は、それらを正しく利用できているかを確認してください（202ページを参照）。

【課題文】

- 課題文の主旨を捉えられているか？
- 主旨の裏づけとなる根拠を捉えられているか？
- キーワードを捉えられているか？

【表・データ、絵画・写真】

- 大まかなイメージを捉えられているか？
- 事実と解釈を区別できているか？

ここで失敗すると、小論文も出題意図から離れてしまいます。くれぐれも慎重に！

【小論文のパート＝自分の意見㊉その根拠】

実際書いた小論文の詳細をチェックします。
以下の項目を確認してください（１６６ページ参照）。

- 論理的に示されているか

●説得力があるか

（●独自性があるか）↓なくてもＯＫ。あればなおＯＫ。

以上でセルフチェック終了です。次にやることは書き直し（リライト）です。が、その前に、おもに説得力の部分、根拠を書くための「知識が足りない」と感じた場合は、インターネットで検索したり、ネタ本を利用して知識を補充します。答案に使えそうな情報があれば、こまめにメモや記録を取り、知識を補強しましょう。

ここまで作業ができたら、今度は制限時間を気にせず書き直し（リライト）ます。過去問演習はここまでが1セットです。もう一度確認します。

時間を計って手書きで答案を作成する

↓

完成度をセルフチェックする

↓

修正すべき点があれば時間無制限で、必要に応じてネットや本も駆使して、答案を書き直す（リライトする）

リライトした答案は模範解答

156ページからのお話しでは、「模範解答」は見るな！　とお伝えしましたが、これから逆のことを言います。実は、見てもよい模範解答があります。その模範解答は、ぜひ見てください。ただし、自分で書いたものに限ります。どういうことか？

リライト、つまり、文章を書き直したり、書き加えたりした答案は、それぞれの受験生が現時点で書ける最高レベルの答案です。いわば、試験本番で現実的に書き得る**自分にとっての模範解答**です。つまり、リライトした答案だけが、みなさんが参考にしてよい模範解答ということなのです。試験まで一日一回読み返しましょう。

順調に学習が進むと、「こういう順番で書いた方がわかりやすい」「この情報を入れた方が説得力が増しそう」など、気がつくことが出てきます。

そうした場合は、こまめに書き加えて模範解答をアップデートしてください。その際、いつどこをどのように修正したかを簡単にメモしておくと、自分の成長の軌跡がよくわかるのでおすすめです。

再現性のあるスキルを身につけよう

……と、こんな感じで新しいものから順番に3年分、過去問演習を行いましょう。同じ問題が繰り返し出されることはまずないので、目先の問題が解けるかどうかはそんなに重要ではありません。重要なのは、本番で**どんな問題が出ても同じように考え、同じように書けるようになる**ことです。ですので、作業の手順を身体にしみ込ませてください。

直前期は不安になって、参考書を買い漁ったり、やみくもに問題を解いたりといった人が増えます。しかし、あれもこれもと手を広げるのはとても危険です。書き方がわからなくなったり、時間のロスにつながりかねません。

ですから、ここまでで紹介した方法で、過去問3年分と向き合ってください。

過去問を「味わい尽くす」ことができた人が、合格に近づくことができるのです。

図13 過去問とのつき合い方

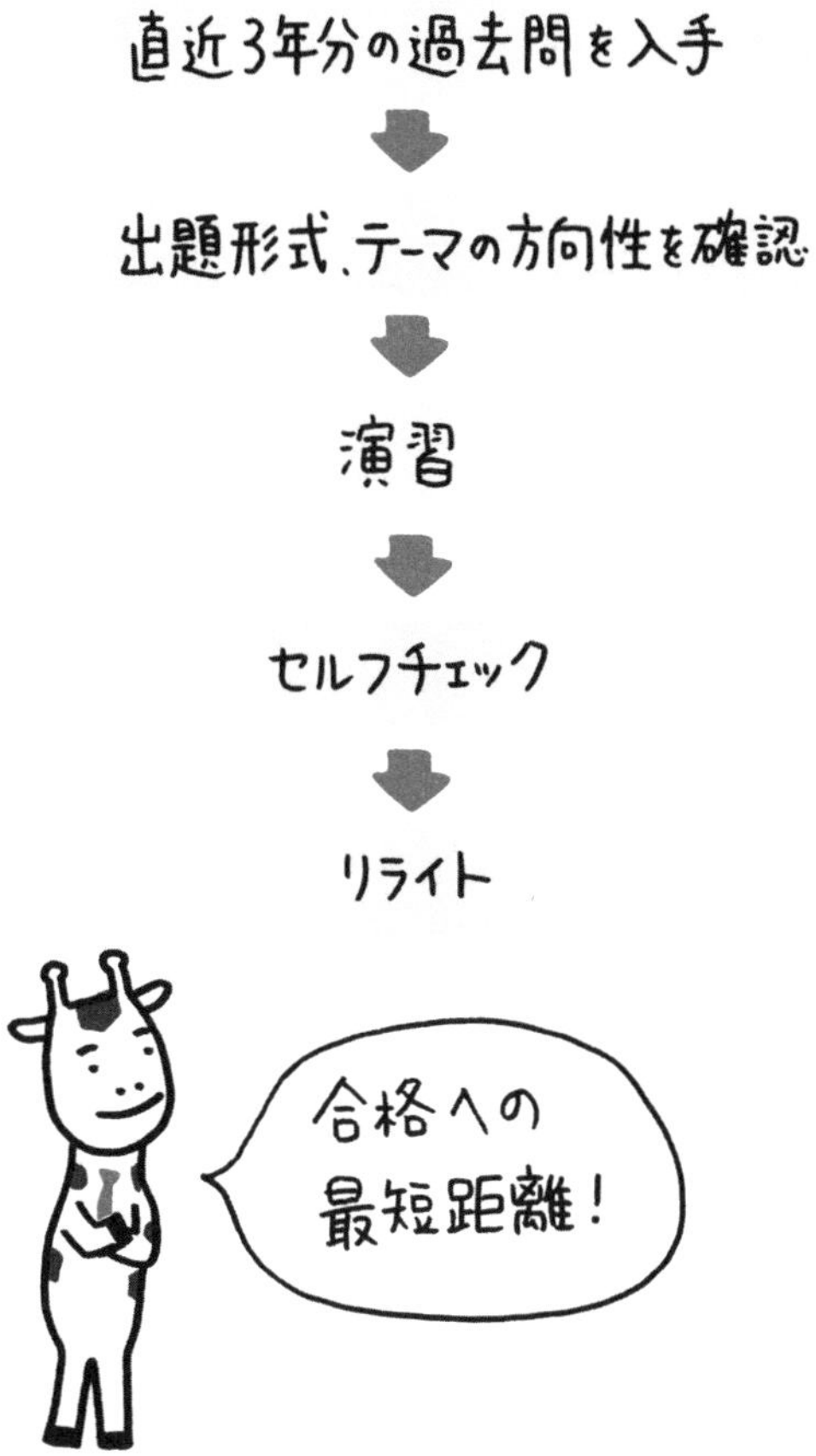

34 【保存版】原稿用紙の使い方

結論から言えば、原稿用紙の使い方は合否とは無関係です。大学の先生は、論理的に考え、書ける学生に入学してほしいと思っています。原稿用紙を正しく使える学生がほしいわけではない、ということです。

実は、この話には根拠があります。洋々の講師陣には、有名大学の小論文の元出題者もいます。彼によれば、採点基準を定める会議においても、原稿用紙の使い方はほとんど論点にならなかったそうです。彼はこんなことも言っていました。

「予備校の模試では、要約は冒頭の字下げなしで、句読点は1マス使う、小論文は字下げをして、行頭の句読点は前の行の最終マスに文字と一緒に押し込む、みたいに複雑なルールがあったりするみたいだけれど、そんな話は聞いたことがなかった。多分他の教授も知らない。**大学の教員の立場からすると心底どうでもいい**」

大事なことなのでもう一度言います。原稿用紙の使い方に、神経質になる必要はありません。

原稿用紙にまつわる素朴な質問集

とはいえ、どうしても気になる人もいるかと思います。ですのでこの項では、原稿用紙の使い方のルールを、Q&A方式でざっくりまとめます。何度も読み返す必要はありません。一度だけ、ざっと目を通してください。

Q1　タイトルはつける？

A1　設問条件で指示がなければ、つけなくて大丈夫、というか、つけないでください。字数がもったいない！

Q2 書き出しの字下げは必要？

A2 小論文の書き出しは、1字下げることが多いです（＝1マス空けて、上から数えて2マス目から書き出します）。

一方、要約や傍線部説明等、自分の意見を述べる必要がないもの、いわば現代文型の問題は1字下げずに書き出すのが一般的です（ただし、文章読解型小論文で、課題文の要約に続けて小論文を書く場合は、小論文のルールに準拠して要約のパートも1字下げて書き出します）。

Q3 段落分けは必要？

A3 段落分けが適切だと、この部分でどんな話がされているのかをある程度推察できる分、採点者にとって読みやすい答案になります。

ですので、可能であれば段落分けを行いましょう。600〜800字ぐらいの答案であれば、以下のように段落を構成すると、よくまとまっている印象になるでしょう。

①意見提示の型

Ⅰ　自分の意見＋理由
Ⅱ　理由のくわしい説明＋具体例
Ⅲ　譲歩批判　or　修正＋善後策
Ⅳ　結論

②問題解決の型

Ⅰ　課題の指摘
Ⅱ　原因の分析
Ⅲ　改善の方向性の提示
Ⅳ　具体策の提示

文章読解型小論文、表・データ分析型小論文、絵画・写真鑑賞型小論文のように何らかの資料が与えられている場合は、これらの段落構成の前に、資料の内容をまとめる段落を一つ増やします。その部分で、「ここまでは資料のまとめ、ここからが自分の考え」のように明確に区別しましょう。

ただし、４００字ぐらいまでの答案であれば、段落分けは不要です。段落分けをすることで読みやすくなるメリットよりも、字数をロスしてしまうデメリットが大きいからです。むろん、分けても大丈夫です。正直に言うと、大した問題ではありません。大切なのは内容です。形式ではない、ということです。

Q4 段落分けに字下げは必要？

A4 段落を分ける場合は、１字下げてください。

Q5 句読点の打ち方は？

A5 文の終わりが句点（。）、音読して区切りのよいところが読点（、）のイメージですが、特に読点の使い方には明確なルールがありません。

答案用紙の使い方としては、小論文においては行の始めに「。」「、」が来ることはない、と覚えてください。

こうした場合は前の行の最後のマスに、文字と一緒に押し込みます。一方、現代文型の問題においては、他の文字と同様に1マス使います。

Q6 カギカッコの使い方は？

A6 「　」は会話、引用、強調等に、『　』は本や論文のタイトル等に使用します。

原稿用紙の使い方としては、「と『は通常の文字と同じ、」と』は句読点と同じと覚えましょう。

Q7 数字の使い方は？

A7

縦書きの場合は漢数字で書きます。たとえば、十二年、一二年とか。3桁以上になる場合、たとえば、二千十一年のように書くと読みにくいため、二〇一一年のように書くのが一般的です。

一方で、横書きの場合はアラビア数字で書きます。たとえば、12年、2011年とか。アラビア数字の場合は通常、1マスに2文字を入れ込みます。

Q8 アルファベットの使い方は？

A8

カタカナ言葉になっているものは、カタカナで書きましょう。

そうでない場合は、縦書き、横書き共に、大文字はまるまる1マス、小文字は2文字で1マスを使用します。

Q9 ?や!の使い方は?

A9 使わない方が無難です。経験上、日本語ではないとして、小論文の答案での使用に抵抗を感じる大学の先生が意外と多いようです。基本的には使わなくても困らないはずなので、強いて採点者の印象を悪くする必要はありません。

Q10 書き損じの直し方は?

A10 なるべく消しゴムで消して、直してください（ゆっくりと、ていねいに。あせって消すと答案用紙が破れたりします）。

残り時間が少ないときは、最終手段として二重線で消す、欄外に挿入記号で書き加えるといった対応も考えられます。

ただし、これらはやりすぎるとあまり印象がよくないです。加えて制限字数違反にもなりかねないため、可能な限り避けましょう。

以上、原稿用紙の使い方を中心に、よくある質問をまとめてみました。

長々と説明しておいて本当に申し訳ないのですが、**原稿用紙の書き方は合否に影響を与えるような話ではありません。**ついでに言えば、誤字や脱字も減点幅はたかが知れています。この辺りを鬼の首を取ったように指摘する添削者も少なくないのですが、まったく気にする必要はありません。

多少のミスは気にせず演習を重ね、論理構成や内容面でのレベルアップをめざしてください。そして、入試本番は、このような「取るに足らない」ことに気を取られすぎずに、**時間内にすばやく答案を作成することを意識**してください。

入試本番は限られた時間、極度の緊張状態という悪条件下で、手書きで答案を作る必要があるため、一つや二つ、三つや四つのミスはあって当然です。合格者の再現答案でさえも、誤字や脱字、原稿用紙の使い方の誤りは珍しくありません。

小論文の試験は、設問条件違反、意見と根拠の矛盾のような致命傷を回避しつつ、時間内に一定のレベルの答案を仕上げれば、ほとんどのケースにおいて合格できます。入試本番においては「**死ななければ全部かすり傷**」なのです。

図14 原稿用紙の使い方のまとめ

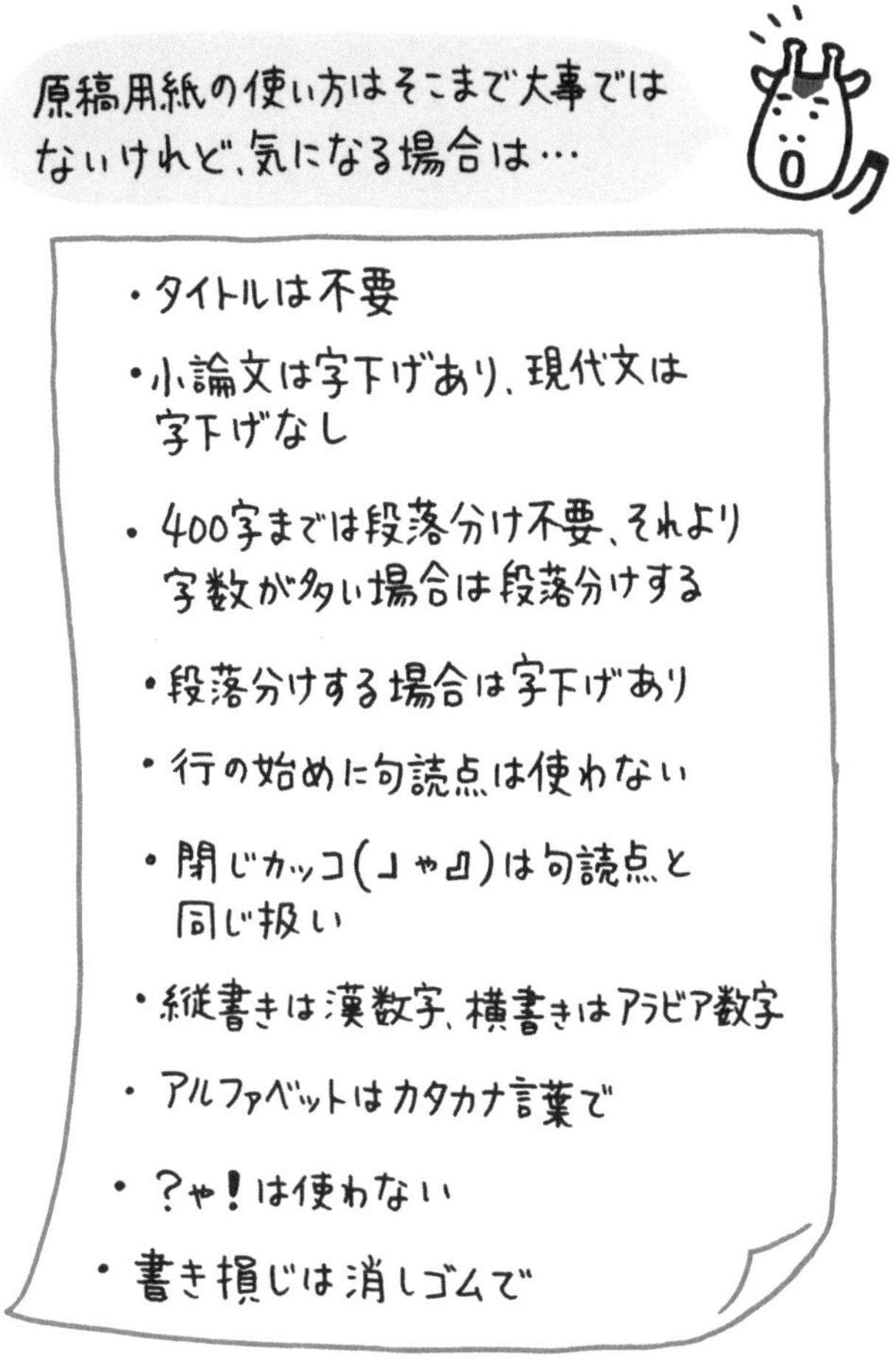
原稿用紙の使い方はそこまで大事ではないけれど、気になる場合は…
・タイトルは不要
・小論文は字下げあり、現代文は字下げなし
・400字までは段落分け不要、それより字数が多い場合は段落分けする
・段落分けする場合は字下げあり
・行の始めに句読点は使わない
・閉じカッコ(」や』)は句読点と同じ扱い
・縦書きは漢数字、横書きはアラビア数字
・アルファベットはカタカナ言葉で
・?や!は使わない
・書き損じは消しゴムで

35 負けない小論文 なるべくがんばらずに合格する

総合型選抜の小論文の対策について、一通りお話ししました。

洋々には、最短距離で小論文の合格ラインをクリアするための指導法があります。実際に早慶上智を中心に、ＧＭＡＲＣＨ、関関同立に豊富な合格実績を有しています。

この本で紹介した対策法を実践すれば、通常の予備校や通信添削で、１～２年対策を積んできた人を逆転することも可能です。

小論文でがんばらなくてもいい戦略

そのうえであえて言うと、総合型選抜においては、いかに小論文でがんばらないですむかが重要です。

志望理由書は事前にいくらでも作りこむことができます。そして、面接は多くの場合、志望理由書の記述に沿って展開されます。**しっかりと書類・面接の準備を行うこ**

とでアドバンテージを取って、小論文で高得点を取らずとも合格できるのが最も合理的な戦略です。

また、小論文で高得点をねらってハイレベルな答案をめざすよりも、一定の考え方、書き方を守って、手堅く合格ラインをキープする方が、勝率は高くなります。

先ほども少しお話ししましたが、『徒然草』にこんな一節があります。

双六の上手といひし人に、その手立を問ひ侍りしかば、「勝たんと打つべからず。負けじと打つべきなり。いづれの手か疾く負けぬべきと案じて、その手を使はずして、一目なりともおそく負くべき手につくべし」と言ふ。

——兼好法師（吉田兼好）『徒然草』第１１０段より

ざっくり訳すと、

双六（すごろく。今のそれとは異なり、高度な戦略ゲームだった）の名人にコツを聞いたところ、「勝とうとして打ってはいけない。負けまいとして打つべきである。どの手が早く負けるかを考えて、その手を使わずに、一手でも負けを遅らせるような手を選ぶべきだ」と言った。

これは入試小論文にも通じる心構えです。

一発逆転をねらって高度な知識、独自の発想、巧みな文章をめざすのは常に大失敗のリスクと隣り合わせです。

欲張ることなく、与えられた資料をまとめ、それらを踏まえつつ、設問条件に応える形で自分の意見を書き、意見を裏づける根拠を書く、といった作業を確実に積み重ねてください。それが結局、合格率の最大化につながります。

◎周りを一切気にしてはいけない

これは確実な予言ですが、入試本番は、周りの受験生がすさまじいスピードで問題を読み、答案を書いているように感じるはずです。

しかしながら、これも同じぐらい確実な予言ですが、蓋を開けてみれば、ほとんどの人は大したことは書けていません。一切気にすることなく、演習時の時間配分を守って、いつもの資料のまとめ方、いつもの考え方、いつもの書き方を再現してください。そして、時間内に答案を仕上げることができれば、おそらく負けることはありません。

以上が小論文を「今」から始めて間に合わせる方法です。いかがでしょう。どうにかなりそうではないですか？

自分に合った「型」を選ぼう！

予備校の授業や、書店で売られている学習参考書では、さまざまな「型」が紹介されています。しかし、それらが必ずしも優れているわけではありません。

たとえば、「譲歩批判」という有名な「型」があります。問題提起や自分の意見に続けて、「確かに、もちろん、なるほど」などで自分の意見に対して予想される反論を示します。その後、「しかし、けれども、だが」などで再反論する構造です。

この書き方は、課題文の主旨に対して反対の立場を採るけれども、その根拠は一部認めるといった場合は有効です。しかし、それ以外の場合は、「自分の意見がダメではない」という消極的根拠に留まり、「自分の意見がなぜ正しいのか」といった積極的根拠と比べて説得力に欠けることが多いのです。

譲歩批判を利用する場合は、自分の意見とその積極的根拠を示した上で、それらに対して予想される反論を示し、再反論するといった形で運用することをおすすめします。

どのような「型」や「フォーマット」を利用すべきかは、志望校の出題傾向や、それぞれの受験生の書き方や考え方の癖によっても変わります。自分のニーズに合ったものを取捨選択し、習熟することが、合格への近道となります。

おわりに

最後まで読んでくださりありがとうございます。

ここまで読んでくださったみなさんは、きっと総合型選抜がどのような入試で、どのような準備をしなければいけないのか、理解が進んだことかと思います。

洋々の受講生が毎年結果を出しているのは、総合型選抜の本質を理解した上で正しい準備をしているからです。本書においても総合型選抜の本質をつかめるような内容を心掛けました。みなさんも本書を読んで、これから正しい準備をするための用意が整ったはずです。

第1章の初めに書いたように、**総合型選抜はマッチング**が大事です。まずは自分に合った大学・学部を探しましょう。自分のことを高く評価してくれて、かつ、自分も好きになれる大学・学部を見つけましょう。

大学の偏差値や知名度を気にするのは悪いことではないですが、それだけにとらわれないようにしましょう。

受験する大学を絞ることができたら、書類の準備に入りましょう。

多くの場合、**書類の中で最も重要なのは、志望理由書**です。また、総合型選抜の準備のプロセスで最も時間がかかるのは、志望理由書の作成です。時間に余裕を持って取り掛かりましょう。

面接の準備は書類の出願後に始めれば十分です。

というのも**書類作成に時間をかけることは実は面接の準備にもつながる**からです。

書類を作成しながら、自分の過去、現在、未来、大学での学びについてたくさん考えて自分の世界観を固めていきましょう。その世界観を面接の場で直接大学の先生方に伝えてください。

小論文の準備は意外と簡単です。

合格者の答案もそこまでレベルが高くありません。この本を読んで書き方の基本がわかったら、**「負けない」小論文**を書く練習をしてみましょう。

総合型選抜の準備は、自分自身のこれまでのことを振り返り、これからのことを考えるとてもいい機会になります。

洋々の受講生は、受験のプロセスを振り返って、**自分のやりたいことが明確になった、大学で学ぶことに対するモチベーションが上がった、合否に関わらず挑戦してよかった**、という人が数多くいます。

一方で、自分自身を知るというプロセスに苦しむ人もいます。テーマがなかなか決まらずに悶々とした日々を過ごす人もいます。それでも最終合格を得られればよいですが、残念な結果に終わる人もいます。時間をかけて準備をして自分のことを思い切りぶつけて、それで不合格の判定を受けると、それはとても落ち込みます。

ですので、すべての人が総合型選抜を受けるべきとは考えていません。ただ、その準備の過程で得られることの大きさ、そして、最終合格のチャンスを増やせることを考えると、ぜひ、みなさんに挑戦してほしいです。

本書を読んだみなさんは、総合型選抜の本質をつかめたと思います。自信を持って総合型選抜に臨んでください。一人で臨むための十分な知識が身についたはずです。

ただ、**可能であれば他人の力も借りる**とよいでしょう。

総合型選抜の書類の内容、面接の受け答え、小論文の書き方に正解はありません。試行錯誤しながらよりよい形を探っていくことになります。両親や高校の先生も正解を知っているわけではありませんが、自分が気づいていない視点を提供してくれる可能性は十分にあります。周りに頼れる大人がいればどんどん巻き込んで、自分のことについて一緒に考えてもらいましょう。

また、社会人経験豊富でより高い視点でアドバイスしてくれる人と話す機会があれば、**自分の考えをより深める**ことができるでしょう。

加えて志望校に在籍する大学生とも意見を交わす機会があれば、**自分がこれからや**

りたいことがより明確になります。

洋々では、各業界で活躍してきたプロ講師と現役の大学生講師が完全個別指導で総合型選抜の書類作成から面接までサポートしている他、専門性の高いエキスパート講師が小論文の指導をしています。必要な知識は、本書にすべて詰め込んだつもりです。しかし、議論を通して自分の考えをさらに深めていきたい、ということがあれば、ぜひ気軽に洋々にご相談ください（無料個別相談は一年中受け付けています）。

総合型選抜の準備は大変なところもありますが、自分の興味のあることを追求していく楽しい作業でもあります。本書を読んでくれたみなさんが、総合型選抜の準備を通して楽しみながら成長し、将来、人生を謳歌するための土台を作られることを著者一同心より願っています。

洋々リーダーシップメンバー一同

【著者紹介】

洋々（ようよう）

◉――2006年創業。日本初の総合型選抜・学校推薦型選抜専門塾。
「すべての人が、思う存分、活躍できる楽しい社会を実現する」ことをめざして、海外経営大学院の面接官、経営コンサルタント、予備校講師、エンジニアという異なる分野で活躍してきた４人がそれぞれの知識や経験、技術を持ち寄って立ち上げた。

◉――初年度は貸し会議室でサポートを開始し、受講生は10名程度だったが、早慶に合格者を出す。以降は順調に受講生が増え、現在では早慶上智、GMARCH、関関同立を中心に多数の合格者を輩出。その実績から、多くの高校から大学入試説明会等の依頼が寄せられている。校舎は渋谷本校のみだが、オンラインでの受講も可能なため、首都圏外、海外からも幅広く受講生を受け入れている。

◉――大学・学部・入試方式により、総合型選抜・学校推薦型選抜の試験内容はさまざまだが、洋々での指導は、以下の３つを実践することにより、あらゆる試験内容に対応することが可能。①講師陣の質の高さ。志望理由書、面接、小論文、いずれも専門の知見を持つプロ講師がサポートを担当。講師の経歴は弁護士、建築士、アナウンサー、大学教員、編集者等と多岐にわたり、その中から最適な者を選任している。②完全個別指導でサポート。個々の受講生の志望や背景に応じて適切な受験プランを提案し、対話を重ねながら無理なく対策を進めている。③本質を重視。一般選抜のような「正解」がない総合型選抜・学校推薦型選抜で勝ち抜くためには、質の高い対話を通じて自分を知り、自分を取り巻く世界をどのように捉え、どのように関わっていくのかを考え抜くことが大切。

◉――本書では洋々がこれまで蓄積してきた総合型選抜・学校推薦型選抜に対する知見の中から、特に合否を分けるポイントになると思われるものに絞って、わかりやすく解説している。

採点者《さいてんしゃ》の心《こころ》をつかむ
合格《ごうかく》する総合型選抜《そうごうがたせんばつ》・学校推薦型選抜《がっこうすいせんがたせんばつ》

2023年５月８日　第１刷発行
2024年９月２日　第３刷発行

著　者――洋々
発行者――齊藤　龍男
発行所――株式会社かんき出版
東京都千代田区麴町4-1-4 西脇ビル　〒102-0083
電話　営業部：03(3262)8011㈹　編集部：03(3262)8012㈹
FAX　03(3234)4421　振替　00100-2-62304
https://kanki-pub.co.jp/

印刷所――ベクトル印刷株式会社

ISBN978-4-7612-3089-0 C7037